우리말 법화경 사경

도서출판
좋은인연

우리말 법화경 사경 제6권

姚秦三藏法師鳩摩羅什奉詔譯
(요진삼장법사구마라집봉조역)

제18　수희공덕품　　　　10

제19　법사공덕품　　　　31

제20　상불경보살품　　　76

제21　여래신력품　　　　99

제22　촉루품　　　　　　116

제23　약왕보살본사품　 124

우리말 법화경 사경노트를 내면서

　법화경은 교상판석의 분류를 통해 보면 그 교리적 위치를 확연히 알 수 있습니다. 사실 교상판석을 통해 보지 않더라도 우리 불자들에게 널리 읽히는 것만 보더라도 얼마나 중요하고 대단한 경인지 알 수 있습니다.
　법화경이 이렇게 중요한 것은 법화경에 부처님의 대단한 메시지가 들어있기 때문입니다.

　그렇다면 어떤 메시지가 있는가?
　첫째, 삶의 자신감을 가져다줍니다.
　법화경에는 많은 수기 이야기가 나옵니다. 심지어 여러 방법으로 부처님을 해하려고 했던 제바달다에게조차 부처님께서는 '과거 인연공덕으로 너도 후일 부처가 될 것이다'라고 말씀하십니다. 그래서 법화경은 우리에게 희망의 메시지를 주는 경인 것입니다.

　둘째, 이 법화경은 공간에서의 평화를 제공합니다.
　법화경은 통일원리, 개권현실경이기 때문에 이 경전을 통하면 가정이든 사회든 사람 사는 어느 곳이든지 모두 평화를 주는 그런 힘을 가진 경입니다.

셋째, 영원한 생명력을 깨닫게 해줍니다.
영원한 생명력이신 부처님의 그 영원한 법신, 본래 부처님 본불(本佛) 사상이 다 드러나 있기 때문에 우리에게 영원한 생명력이 무엇인지 그것을 깨닫게 해줍니다.

넷째, 제 25품 관세음보살보문품과 같이 부처님의 불가사의한 힘을 우리에게 나타내면서 바라는 바를 성취시켜줍니다.
다시 요약하여 말씀드리면 이 법화경의 힘, 법화경이 가지고 있는 그 공덕, 법화경이 담고 있는 메시지의 힘은 네 가지입니다.

첫째, 삶의 자신감을 준다.
둘째, 공간에서의 평화를 제공해 준다.
셋째, 영원한 생명력을 깨닫게 해준다.
넷째, 바라는 바를 성취시켜 준다.

영국의 유명한 역사학자 아놀드 토인비가 1975년 마지막 강의를 하면서 다음과 같은 질문을 받았습니다.
"20세기 가장 큰 사건이 무엇이라고 생각하십니까?"
아놀드 토인비가 말했습니다.
"동양의 불교가 서양에 전래된 것입니다. 세계 평화를 가져다 줄 종교는 불교밖에 없기 때문입니다."

그만큼 불교가 유럽에 소개된 것은 큰 사건이었습니다. 그리고 토인비가 말했습니다.

"제가 여러분께 권하는 10가지 책이 있습니다. 그 중에서 불교경전인『법화경』을 꼭 읽어보시기 바랍니다."

법화경은 토인비의 말대로 평화의 메시지, 평화의 힘이 있는 경전입니다. 우리는 모두 평화를 갈구하며 살고 있지 않습니까? 가정에서나 사회에서나 인간관계에 있어서 평화만큼 좋은 것이 없습니다. 바로 이 법화경에 그 평화의 메시지가 깃들어 있다는 말입니다. 공부하시다보면 왜 그러한지 알게 되실 것입니다.

그래서 옛사람들은 '용을 그리고도 용의 눈을 그리지 못하면 용을 그리지 못한 것처럼 많은 불교경전을 공부하였어도 법화경을 공부하지 않았다면 불교공부를 다하지 못한 것과 같다'라고 말하였습니다. 즉, 모든 불교경전의 결론을 내는 공부가 바로 법화경입니다. 그만큼 중요한 경전을 우리가 현재 만나고 있는 것입니다.

無一 우학 스님의 〈법화경〉 강의 중에서
- 도서출판 좋은인연 편집부 -

사경의 의의

　사경이란 경전 말씀을 따라 쓰거나 옮겨 쓴다는 뜻으로 기도 수행의 한 방편입니다. 사경은 스스로 그 마음을 밝혀가는 거룩한 자기 불사(佛事)입니다. 이렇게 사경한 종이는 탑 등에 봉안되는데 불국사 석가탑에 모셔져 있다가 얼마전 세간에 알려진 무구정광 대다라니가 그 대표적 예입니다.

사경의 공덕

　깨끗하고 맑은 마음으로 부처님의 원음(圓音)을 옮겨쓰는 불자는 이미 윤회의 고통을 벗어나 있습니다. 정성다해 사경하는 이에게는 불보살님의 가피와 위신력이 있어 일체 모든 장애는 사라지고 기쁨이 늘 충만한 삶이 전개될 것입니다.

— 사경의 공덕이 탑을 조성하는 것보다 수승하다(도행반야경 탑품).
— 만약 어떤 사람이 경전을 사경, 수지, 해설하면 대원을 성취한다(법화경 법사공덕품).
— 무수한 세월 동안 물질로 보시한 공덕보다 경전을 사경, 수지, 독송하여 다른 이를 위해 해설한 공덕이 수승하다(금강경 지경공덕분).

사경 순서

1. 몸을 청정히 한다.
2. 부처님 사진 등을 모시고 향을 피운다.
3. 예불을 올린다.
4. 사경 발원문을 독송한다.
5. 정성껏 사경에 들어간다.
6. 사경 회향문을 읽고 부처님 전에 삼배한다.

사경발원문

사경제자   합장
───

사경시작   년   월   일
───

제 십팔 수희공덕품

그때 미륵보살마하살이 부처님께 이렇게 아뢰었다.

"세존이시여! 만일 선남자 선여인이 이 『법화경』을 듣고 수희한다면 얻는 복이 얼마나 됩니까?"

다시 게송으로 여쭈었다.

세존께서 열반하신 후 이 경을

第十八 隨喜功德品

爾時 彌勒菩薩摩訶薩 白佛言 世尊 若有善男子 善女人 聞是法華經 隨喜者 得幾所福 而說偈言

世尊滅度後　　　其有聞是經

듣고 따라서 기뻐한다면 얻는 복이 얼마나 되겠습니까?

이때 부처님께서 미륵보살마하살에게 말씀하셨다.

"아일다야! 여래가 열반한 후 만약 비구 비구니와 우바새 우바이와 지혜 있는 사람으로서 어른이거나 아이이거나 이 경을 듣고 따라서 기뻐하며, 법회에서 나와 다른 곳에 이르러서는 그곳이 승

若能隨喜者　　　爲得幾所福
爾時 佛告彌勒菩薩摩訶薩 阿逸多 如來滅後 若 比丘比丘尼 優婆塞 優婆夷 及餘智者 若長若幼 聞是經 隨喜已 從 法會出 至於餘處

방이거나 한적한 곳이거나 도시이거나 거리이거나 큰 마을이거나 작은 마을이거나 어느 곳이라도 그가 들은 대로 부모와 친척과 좋은 친구와 아는 이를 위하여 그들의 능력을 따라서 설하여 그 사람들이 듣고 따라서 기뻐하며 다시 다른 사람에게 가르쳐 전하고, 다른 사람이 듣고는 역시 따라서 기뻐하며 가르쳐 전하기를 되풀이하여 오십번이 되었다면, 아일

若 在僧坊 若 空閑地 若 城邑巷陌 聚落田里 如其所聞 爲 父母宗親 善友知識 隨力演說 是諸 人等 聞已隨喜 復行轉敎 餘人聞已 亦隨喜轉敎 如是展轉 至第五十

다야! 그 오십번째의 선남자 선여인이 따라서 기뻐한 공덕을 내가 이제 말할 테니 잘 들어보아라.

만약에 사백만억 아승지 세계의 육도의 사생 중생인 알로 태어나는 것, 태로 태어나는 것, 습기로 태어나는 것, 화하여 태어나는 것과 모양이 있는 것, 모양이 없는 것, 생각이 있는 것, 생각이 없는 것, 생각이 있는 것이 아닌 것, 생각이 없는 것이 아닌 것, 발이 없

阿逸多 其第五十 善男子 善女人 隨喜功德 我今說之 汝當善聽 若 四百萬億 阿僧祇世界 六趣四生衆生 卵生 胎生 濕生化生 若 有形無形 有想無想 非有想非無想

는 것, 두 발을 가진 것, 네 발을 가진 것, 발을 많이 가진 것 등 이와 같이 중생의 범위에 들어 있는 것들에게 어떤 사람이 복을 구하려고 그들의 욕망에 따라 좋아하는 물건들을 하나 하나의 중생들 모두에게 염부제에 가득 찰 만큼의 금, 은, 유리, 자거, 마노, 산호, 호박 등의 진기하고 묘한 보배와 코끼리와 말과 수레와 칠보로 된 궁전과 누각 등을 주었다고 하자.

無足二足 四足多足 如是等 在 衆生數者 有人 求福 隨其所欲 娛樂之具 皆給與之 一一衆生 與 滿閻浮提 金銀瑠璃 硨磲瑪瑙 珊瑚琥珀 諸妙珍寶 及 象馬車乘 七寶所成 宮殿樓閣等

이 큰 시주가 이렇게 팔십년 동안이나 보시를 하고 '내가 이 중생들에게 그들의 욕망에 따라 좋아하는 물건들을 보시하였는데, 중생들이 이제는 모두다 늙어 나이가 팔십이 넘으니 머리가 희고 얼굴도 주름졌으며, 오래지 않아 죽을것 같으니, 내가 마땅히 불법으로 이들을 가르쳐 인도해야겠구나.' 하며 곧 이 중생들을 모아 놓고 법을 널리 펴서 교화하고 이

是 大施主 如是布施 滿 八十年已 而作是念 我 已施衆生 娛樂之具 隨意所欲 然 此衆生 皆已衰老 年過八十 髮白面皺 將死不久 我當以佛法 而訓導之 卽 集此衆生 宣布法化

롭고 기쁜 것을 가르치니 일시에 모두다 수다원과와 사다함과와 아나함과와 아라한의 도를 얻어서 여러 가지 번뇌를 다하고 깊은 선정에서 모두다 자재함을 얻고, 팔해탈을 갖추었다면 너의 생각은 어떠하냐? 이 큰 시주가 얻을 공덕이 어찌 많지 않겠느냐?"

미륵보살이 부처님께 말씀드렸다.
"세존이시여! 이 사람의 공덕은 매우 많아서 한량없으며 가없

示教利喜 一時 皆得 須陀洹道 斯陀含道 阿那含道 阿羅漢道 盡諸有漏 於 深禪定 皆得自在 具八解脫 於 汝意云何 是 大施主 所得功德 寧爲多不 彌勒 白佛言 世尊 是人 功德 甚多

을 것입니다. 만약에 이 시주가 중생들이 좋아하는 물건들로 보시만 하였더라도 그 공덕이 한량이 없을 텐데, 하물며 아라한과까지 얻게 하였으니 말할 것이 있겠습니까?"

부처님께서 미륵에게 말씀하셨다.

"내가 지금 너에게 분명히 말하는데, 이 사람이 일체가 좋아하는 물건으로 사백만억 아승지 세계의 육도 중생들에게 보시를 하고,

無量無邊 若是施主 但施衆生 一切樂具 功德 無量 何況令得 阿羅漢果 佛告彌勒 我今 分明語汝 是人 以一切樂具 施於四百萬億 阿僧祇世界 六趣衆生 又令得

아라한과도 얻게 하였지만, 그가 얻는 공덕은 오십번째의 사람이 『법화경』의 한 게송을 듣고 따라 기뻐한 공덕만 못하며, 백 분의, 천 분의, 백천만억분의 일에도 미치지 못한다. 이처럼 수희공덕은 산수나 비유로서는 알 수가 없느니라.

　아일다야! 이와 같이 오십번째 사람이 『법화경』을 전해 듣고 따라 기뻐한 공덕이 한량없고 가없는 아승지인데, 하물며 맨 처음 법

阿羅漢果 所得功德 不如是 第五十人 聞 法華經 一偈 隨喜功德 百分千分 百千萬億分 不及其一 乃至算數譬喩 所不能知 阿逸多 如是第五十人 展轉聞法華經 隨喜功德 尙 無量無邊 阿僧祇 何況最初於會中

회에서 듣고 따라 기뻐한 사람이야 말 할 것이 있겠느냐? 그 사람의 복은 한량없고 가없는 아승지보다 많아 비교할 수가 없느니라.

또 아일다야, 만약에 어떤 사람이 이 경을 들으려고 승방에 가서 앉거나 서서 잠깐이라도 들으면, 이런 공덕의 인연으로 몸을 바꾸어 다시 태어날 때 가장 아름다운 코끼리나 말이 끄는 수레와 진귀한 보배로 꾸며진 가마를 타고 하

聞而隨喜者 其福 復勝 無量無邊 阿僧祇 不可得比 又阿逸多 若人 爲是經故 往詣僧坊 若坐若立 須臾聽受 緣是功德 轉身所生 得好上妙 象馬車乘 珍寶輦輿

늘의 궁전에 오를 것이다.

　또 어떤 사람이 법을 설하는 곳에 앉아 있다가 다른 사람이 오면 앉아서 듣도록 권하며 자리를 나누어 앉게 하면, 이 사람의 공덕은 다시 태어날 때 제석천왕이 앉는 곳이나 범천왕이 앉는 곳이나 전륜성왕이 앉는 곳에 앉게 될 것이니라.

　아일다야! 또 다시 어떤 사람이 다른 사람에게 말하기를 법화라 이름하는 경이 있는데 같이 들으

及乘天宮 若復有人 於 講 法處坐 更有人來 勸令坐聽 若 分座令坐 是人功德 轉身 得 帝釋坐處 若 梵王坐處 若 轉輪聖王 所坐之處 阿逸多 若復有人 語 餘人言 有經名法華 可共往聽

러 가자고 하여 그 말을 받아들여 잠깐만이라도 듣게 하면, 이 사람의 공덕은 다시 태어날 때 다라니보살과 한곳에 태어나게 되며, 근기가 뛰어나고 지혜가 있으며, 백천만 번을 태어나더라도 벙어리가 되지 않고, 입에서는 냄새가 나지 않으며, 혀는 항상 병이 없고, 입도 병이 없으며, 치아는 더럽거나 검지 않으며 누렇거나 성글지 않으며 빠지거나 어긋나거나 굽

卽受其教 乃至須臾間聞 是人功德 轉身 得與陀羅尼菩薩 共生一處 利根智慧 百千萬世 終不瘖瘂 口氣不臭 舌常無病 口亦無病 齒不垢黑 不黃不疎 亦不缺落

지도 않으며, 입술은 아래로 처지거나 위로 걷히어 오므라들지도 않으며 거칠지 않고, 부스럼이나 종기가 나지 않으며 언청이도 되지 않으며 비뚤어지거나 두텁거나 크거나 검지도 않아 나쁜 것들이 없으며, 코는 납작하거나 엷지 않으며 또 굽거나 휘어지지 않으며, 얼굴은 빛이 검거나 좁거나 길지도 않으며 쑥 들어가거나 비뚤어지지 않아 못생긴 모습이 하나

不差不曲 脣不下垂 亦不褰縮 不麤澁 不瘡胗 亦不缺壞 亦不喎斜 不厚不大 亦不黧黑 無諸可惡 鼻不匾㔸 亦不曲戾 面色不黑 亦不狹長 亦不窊曲 無有一切不可喜相

도 없으리라. 입술과 혀와 치아가 모두 다 잘 생기고, 코가 길고 높고 바르며, 얼굴이 원만하여 눈썹이 높고 길며 이마가 넓고 반듯하여 사람의 모습을 흡족하게 갖추어, 세세생생 태어날 때마다 부처님을 뵈옵고, 법을 듣게 되며 가르침을 믿고 받아들일 것이니라.

아일다야! 이걸 보아라. 한 사람을 권하여서 법을 들으러 가게 한 공덕이 이와 같은데, 하물며 일

脣舌牙齒 悉皆嚴好 鼻修高直 面貌圓滿 眉高而長 額廣平正 人相具足 世世所生 見佛聞法 信受敎誨 阿逸多 汝且觀是 勸於一人 令往聽法 功德如此

심으로 듣고 설하며 읽고 외우고 대중 속에서 다른 사람을 위하여 자세히 분별하여 설해 주고, 설한 대로 수행하는 것이야 말할 것이 있겠느냐?"

세존께서 이 뜻을 거듭 펴시려고 게송으로 말씀하셨다.

만약에 어떤 사람이 법회에서 이 경전의 한 게송이라도 듣고 따라서 기뻐하며 남을 위해 설하고,

何況一心 聽說讀誦 而於大衆 爲人分別 如說修行
爾時世尊 欲重宣此義 而說偈言

若人於法會　　得聞是經典　　乃至於一偈
隨喜爲他說

이와 같이 되풀이하며 전하여 오십번째 사람에게 이르면, 마지막 사람이 얻는 복을 이제 자세히 말하겠노라.

어떤 큰 시주가 한량없는 중생에게 팔십년 동안이나 그들이 갖고 싶어하는 대로 좋아하는 물건들을 다 주었는데, 그들의 모습을 보니 늙어서 머리가 희고 얼굴이 주름지고 치아가 성글고 몸이 야위어서 머지않아 죽을 것 같으므

如是展轉教　至于第五十　最後人獲福
今當分別之　如有大施主　供給無量衆
具滿八十歲　隨意之所欲　見彼衰老相
髮白而面皺　齒疎形枯竭　念其死不久

로 '내가 이제 가르쳐서 도의 결과를 얻게 하리라.' 하며 즉시 방편으로 열반의 진실한 가르침을 설하며 '세상의 모든 것은 굳고 단단하지 않아 물거품 같고 불꽃 같으니 너희들은 모두다 싫어하고 멀리하는 마음을 빨리 내어라.' 하여, 사람들이 이 법을 듣고 모두 아라한을 얻어 육신통과 삼명과 팔해탈을 갖추게 되었더라도, 맨 마지막 오십번째로 한 게송

我今應當敎	令得於道果	卽爲方便說
涅槃眞實法	世皆不牢固	如水沫泡焰
汝等咸應當	疾生厭離心	諸人聞是法
皆得阿羅漢	具足六神通	三明八解脫
最後第五十	聞一偈隨喜	

을 듣고 따라 기뻐한 이 사람의 복이 그것보다 더 많아서 비유를 할 수가 없느니라.

　이와 같이 전해들은 복도 한량없는데, 하물며 법회에서 처음 듣고 따라 기뻐한 사람이야 말할 것이 있겠느냐?

　만약에 한 사람이라도 데리고 가서 『법화경』을 듣게 하려고, '이 경은 깊고 묘하며 천만 겁에도 만나기가 어렵다.'고 말하여

是人福勝彼　不可爲譬喩　如是展轉聞
其福尙無量　何況於法會　初聞隨喜者
若有勸一人　將引聽法華　言此經深妙
千萬劫難遇

그 말을 듣고 들으러 가서 잠깐이라도 듣게 한다면 이 사람이 받을 복을 이제 자세히 말하겠노라.

　태어날 때마다 입에 병이 없고, 치아는 성글거나 누렇거나 검지 않으며, 입술은 두텁거나 거칠거나 찢어지지 않아 흉한 모습이 없으며, 혀는 마르거나 검거나 짧지 않으며, 코는 높고 길고 바르며, 이마는 넓고 반듯하며, 얼굴과 눈이 모두 다 단정하여 남이 보기에

卽受敎往聽　乃至須臾聞　斯人之福報
今當分別說　世世無口患　齒不疎黃黑
脣不厚褰缺　無有可惡相　舌不乾黑短
鼻高修且直　額廣而平正　面目悉端嚴
爲人所喜見

좋으며, 입에는 나쁜 냄새가 없으며 우담발화의 향기가 그의 입에서 항상 날 것이니라.

또 『법화경』을 들으려고 승방을 찾아가서 잠깐이라도 듣고 기뻐하면 이제 그 복을 자세히 말하겠노라.

다음 생에는 하늘이나 인간으로 나서 훌륭한 코끼리나 말이 끄는 수레와 진귀한 보배로 꾸며진 가마를 타고 하늘의 궁전으로 오

口氣無臭穢　優鉢華之香　常從其口出
若故詣僧坊　欲聽法華經　須臾聞歡喜
今當說其福　後生天人中　得妙象馬車
珍寶之輦輿　及乘天宮殿

르게 되느니라.

 또 법을 강의하는 곳에서 다른 사람에게 앉아서 법을 듣도록 권한다면, 이 복의 인연으로 제석천과 범천과 전륜성왕의 자리를 얻는데, 하물며 일심으로 듣고 그 뜻을 해설하고 설한 대로 수행하는 것이야 말할 것이 있겠느냐? 그 복은 한량이 없느니라.

제 십팔 수희공덕품 끝

若於講法處　勸人坐聽經　是福因緣得
釋梵轉輪座　何況一心聽　解說其義趣
如說而修行　其福不可量

第十八 隨喜功德品　終

제 십구 법사공덕품

그때 부처님께서 상정진보살마하살에게 말씀하셨다.

"선남자 선여인이 이 『법화경』을 받아 지니고 읽거나 외우거나 해설하거나 옮겨 쓰면, 이 사람은 마땅히 팔백의 눈 공덕과 일천 이백의 귀 공덕과 팔백의 코 공덕과 일천 이백의 혀 공덕과 팔백의 몸 공덕과 일천 이백의 마음 공덕을

第十九 法師功德品

爾時 佛告常精進菩薩摩訶薩 若 善男子 善女人 受持是法華經 若讀若誦 若解說 若書寫 是人 當得 八百眼功德 千二百耳功德 八百鼻功德 千二百 舌功德 八百身功

얻게 되며, 이 공덕으로 육근이 모두다 청정하게 장엄될 것이다.

이 선남자 선여인은 부모로부터 받은 청정한 육안으로 삼천대천세계의 안과 밖에 있는 산과 숲과 강과 바다를 볼 수 있는데, 아래로는 아비지옥에서 위로는 유정천에 이르기까지를 보게 되며, 또 그 속의 일체 중생도 보게 되며, 아울러 업의 인연과 과에 대한 보로 태어나는 것을 모두다 보고

德 千二百意功德 以是功德 莊嚴六根 皆令淸淨 是善男子 善女人 父母所生 淸淨肉眼 見於三千大千世界 內外所有 山林河海 下至阿鼻地獄 上至有頂 亦見其中 一切衆生 及 業因緣 果報生處 悉見悉知

모두 다 알 수 있느니라."

　세존께서 이 뜻을 거듭 펴시려고 게송으로 말씀하셨다.

　만약 대중 가운데에서 두려움 없는 마음으로 이『법화경』을 설한다면, 설하는 사람의 공덕을 너희는 들어보아라. 이 사람은 팔백 가지의 훌륭한 눈 공덕을 얻어 이것으로 장엄하므로 그의 눈은 매우 맑고 깨끗하리라. 부모에게서

爾時世尊 欲重宣此義 而說偈言
若於大衆中　　以無所畏心　　說是法華經
汝聽其功德　　是人得八百　　功德殊勝眼
以是莊嚴故　　其目甚淸淨

받은 눈으로 삼천대천세계의 안과 밖에 있는 미루산과 수미산과 철위산과 아울러 다른 산과 숲과 큰 바다와 강과 시냇물을 볼 수 있는데 아래로는 아비지옥에서 위로는 유정천에 이르기까지 그 속의 중생들을 모두다 볼 수 있으니 천안은 얻지 못하였으나 육안의 힘이 이와 같으니라.

"또 상정진보살아! 만약에 선

父母所生眼	悉見三千界	內外彌樓山
須彌及鐵圍	幷諸餘山林	大海江河水
下至阿鼻獄	上至有頂處	其中諸衆生
一切皆悉見	雖未得天眼	肉眼力如是

남자 선여인이 이 경을 받아 지니고 읽거나 외우거나 해설하거나 옮겨 쓰면, 일천이백의 귀의 공덕을 얻느니라. 이 공덕으로 귀가 청정하여 삼천대천세계의 아래로는 아비지옥에서 위로는 유정천에 이르기까지 그 속의 안과 밖에 있는 온갖 말과 소리들을 들을 수 있느니라.

　코끼리의 소리, 말의 소리, 소의 소리, 수레의 소리, 우는 소리,

復次常精進 若 善男子 善女人 受持此經 若讀若誦 若解說若書寫 得 千二百耳功德 以是淸淨耳 聞 三千大千世界 下至阿鼻地獄 上至有頂 其中內外 種種語言音聲 象聲馬聲 牛聲車聲 啼哭聲

탄식하는 소리, 소라 소리, 북 소리, 종 소리, 방울 소리, 웃는 소리, 말 소리, 남자 소리, 여자 소리, 소년의 소리, 소녀의 소리, 진리의 소리, 진리가 아닌 소리, 괴로운 소리, 즐거운 소리, 범부의 소리, 성인의 소리, 기쁜 소리, 기쁘지 못한 소리, 하늘의 소리, 용의 소리, 야차의 소리, 건달바의 소리, 아수라의 소리, 가루라의 소리, 긴나라의 소리, 마후라가의

愁歎聲 螺聲鼓聲 鍾聲鈴聲 笑聲語聲 男聲女聲 童子聲 童女聲 法聲非法聲 苦聲樂聲 凡夫聲 聖人聲 喜聲 不喜聲 天聲龍聲 夜叉聲 乾闥婆聲 阿修羅聲 迦樓羅聲 緊那羅聲 摩睺羅伽聲

소리, 불타는 소리, 물 흐르는 소리, 바람 부는 소리, 지옥의 소리, 축생의 소리, 아귀의 소리, 비구의 소리, 비구니의 소리, 성문의 소리, 벽지불의 소리, 보살의 소리, 부처님의 소리를 들으리라.

    요약해서 말하는데 삼천대천세계 가운데의 모든 안과 밖의 소리들을 천이를 얻지 않고도 부모가 낳아 준 청정한 보통의 귀로 모든 것을 듣고 아느니라. 이와 같이 온

火聲 水聲 風聲 地獄聲 畜生聲 餓鬼聲 比丘聲 比丘尼聲 聲聞聲 辟支佛聲 菩薩聲 佛聲 以要言之 三千大千世界中 一切內外 所有諸聲 雖未得天耳 以 父母所生 淸淨常耳 皆悉聞知

갖 소리들을 분별하지만 이근은 상하지 않느니라."

세존께서 이 뜻을 거듭 밝히려고 게송으로 말씀하셨다.

부모님께 받은 귀가 청정하여져서 흐리거나 더럽지 않으며 이 보통의 귀로 삼천대천세계의 소리들을 들으리라.

코끼리와 말과 수레와 소의 소리와 종, 방울, 소라, 북의 소리와

如是分別種種音聲 而 不壞耳根
爾時世尊 欲重宣此義 而說偈言

父母所生耳　　清淨無濁穢　　以此常耳聞
三千世界聲　　象馬車牛聲　　鍾鈴螺鼓聲

거문고, 비파, 공후의 소리와 퉁소와 피리의 소리와 맑고 좋은 노래 소리를 듣고도 집착이 없으며, 수도 없는 사람들을 음성으로 모두 다 이해하느니라.

또 하늘의 소리와 아름다운 노랫소리를 들을 수 있으며, 남자의 소리와 여자의 소리와 소년의 소리와 소녀의 소리를 들을 수 있으며, 산천과 깊은 계곡 속에 있는 가릉빈가의 소리와 명명과 온갖

琴瑟箜篌聲　簫笛之音聲　清淨好歌聲
聽之而不著　無數種人聲　聞悉能解了
又聞諸天聲　微妙之歌音　及聞男女聲
童子童女聲　山川嶮谷中　迦陵頻伽聲

새들의 소리를 모두다 들을 수 있느니라. 지옥 중생들이 고통으로 내는 가지가지 신음소리와 아귀들이 굶주리고 목이 말라 음식을 찾는 소리와 아수라들이 큰 바닷가에서 살며 자기들끼리 말할 때 크게 지르는 소리도 다 들을 수 있느니라.

　법을 설하는 사람은 이 속에 편안히 머무르며 멀리서 이런 가지가지의 소리를 들어도 청각은 상

命命等諸鳥	悉聞其音聲	地獄衆苦痛
種種楚毒聲	餓鬼飢渴逼	求索飲食聲
諸阿修羅等	居在大海邊	自共語言時
出于大音聲	如是說法者	安住於此間
遙聞是衆聲	而不壞耳根	十方世界中

하지 않느니라. 시방세계의 새와 짐승들이 서로 울며 부르는 것을 설법하는 사람은 여기에서 다 들을 수 있으며, 범천들 위에 있는 광음천과 변정천에서 유정천까지의 말소리를 법사는 이곳에서 모두 다 들을 수 있느니라.

일체의 비구들과 비구니들이 이 경전을 읽고 외우며 다른 사람을 위하여 설하는 것도 이곳에서 모두 다 들을 수 있으며, 또 보살들

禽獸鳴相呼
其諸梵天上
言語之音聲
一切比丘衆
若爲他人說

其說法之人
光音及遍淨
法師住於此
及諸比丘尼
法師住於此

於此悉聞之
乃至有頂天
悉皆得聞之
若讀誦經典
悉皆得聞之

이 경의 가르침을 읽고 외우며 다른 사람을 위하여 설하며 그 뜻을 기록하고 모으며 해석하는 이런 소리들을 모두다 들을 수 있느니라. 매우 거룩하고 높으신 부처님들께서 중생들을 교화하시는 것과 큰 법회에서 미묘한 법 설하시는 것을 이 법화경을 지닌 자는 모두다 들을 수 있느니라.

삼천대천세계의 안과 밖의 소리들을 아래로는 아비지옥에서

復有諸菩薩	讀誦於經法	若爲他人說
撰集解其義	如是諸音聲	悉皆得聞之
諸佛大聖尊	敎化衆生者	於諸大會中
演說微妙法	持此法華者	悉皆得聞之
三千大千界	內外諸音聲	下至阿鼻獄

위로는 유정천에 이르기까지 모두 다 들어도 청각은 상하지 않느니라. 그 사람의 귀는 매우 밝기 때문에 모든 것을 자세히 분별하여 아느니라.

　이 법화경을 지닌 사람은 천이는 얻지 못하였으나 타고난 귀만으로도 얻는 공덕이 이와 같으니라.

　"또 상정진보살아! 만약에 선

上至有頂天	皆聞其音聲	而不壞耳根
其耳聰利故	悉能分別知	持是法華者
雖未得天耳	但用所生耳	功德已如是
復次常精進		

남자 선여인이 이 경을 받아 지니고 읽거나 외우거나 해설하거나 옮겨 쓰면, 팔백의 코 공덕을 성취하고 이것으로 후각이 청정하여져서 삼천대천세계의 위와 아래와 안과 밖의 온갖 향을 맡을 수 있느리라. 수만나꽃 향기, 사제꽃 향기, 말리꽃 향기, 첨복꽃 향기, 바라라꽃 향기, 붉은 연꽃 향기, 푸른 연꽃 향기, 흰 연꽃 향기, 꽃나무 향기, 과일나무 향기와 전단

若 善男子 善女人 受持是經 若讀若誦 若解說 若書寫 成就八百鼻功德 以是淸淨鼻根 聞於三千大千世界 上下內外 種種諸香 須曼那華香 闍提華香 末利華香 瞻蔔華香 波羅羅華香 赤蓮華香 靑蓮華香 白蓮華香 華樹香 菓樹香 栴檀香

향과 침수향과 다마라발향과 다가라향과 천만 가지 부드러운 향과 가루로 되어 있거나 환으로 되어 있거나 바르게 되어 있는 향을, 이 경을 지니는 자는 이곳에 머무르며 모두 다 분별할 수 있느니라.

또 중생들의 냄새를 분별하여 아는데, 코끼리의 냄새와 말의 냄새와 소와 양들의 냄새와 남녀의 냄새와 소년과 소녀의 냄새와 풀과 나무와 숲의 냄새를 가까이 있

沈水香 多摩羅跋香 多伽羅香 及 千萬種和香 若末若丸 若塗香 持是經者 於此間住 悉能分別 又復別知衆生之香 象香馬香 牛羊等香 男香女香 童子香 童女香 及 草木叢林香 若近若遠

거나 멀리 있어도 그 냄새들을 모두 다 맡고 구별하며 착오가 없느니라.

　이 경을 지닌 자는 여기에 있으면서도 하늘 위의 모든 향기를 맡느니라. 파리질다라나무와 구비다라나무의 향기와 만다라꽃의 향기와 마하 만다라꽃의 향기와 만수사꽃의 향기와 마하만수사꽃의 향기와 전단과 침수의 향기와 가지가지 가루 향의 향기와 온갖

所有諸香 悉皆得聞 分別不錯 持是經者 雖住於此 亦聞天上 諸天之香 波利質多羅 拘鞞陀羅樹香 及 曼陀羅華香 摩訶曼陀羅華香 曼殊沙華香 摩訶曼殊沙華香 栴檀 沈水 種種抹香 諸雜華香

꽃들의 향기인 하늘의 향기가 섞여서 나더라도 그 향기를 알지 못하는것이 없느니라. 또 하늘 사람들의 몸 향기도 맡을 수 있느니라. 석제환인이 멋진 궁전에서 오욕락을 즐길 때의 향기와 훌륭한 법당에서 도리천들을 위하여 설법할 때의 향기와 꽃동산에서 놀 때의 향기와 다른 천인들의 남녀의 몸 향기를 멀리서 다 맡을 수 있으며, 이렇게 점점 올라가서 범천과

如是等 天香 和合所出之香 無不聞知 又聞諸天身香 釋提桓因 在 勝殿上 五欲娛樂 嬉戱時香 若在妙法堂上 爲 忉利諸天 說法時香 若於諸園 遊戲時香 及餘天等 男女身香 皆悉遙聞 如是展轉 乃至梵世

유정천에 이르기까지 천인들의 몸 향기를 모두 맡을 수 있으며, 또 모든 하늘에서 피어나는 향기를 맡을 수 있느니라. 아울러 성문의 향기와 벽지불의 향기와 보살의 향기와 부처님들의 몸에서 나는 향기도 멀리서 다 맡을 수 있으며 그 있는 곳을 아느니라. 이런 향기를 맡지만 후각은 상하지 않으며, 잘못 맡는 경우가 없으며 다른 사람을 위해 말해 주려고 분별

上至有頂 諸天身香 亦皆聞之 幷聞諸天 所燒之香 及聲聞香 辟支佛香 菩薩香 諸佛身香 亦皆遙聞 知其所在 雖聞此香 然於鼻根 不壞不錯 若欲分別 爲他人說

하고 싶으면 기억이나 생각에 잘못됨이 없느니라."

　세존께서 이 뜻을 거듭 펴시려고 게송으로 말씀하셨다.

　이 사람은 코가 청정해져서 이 세상에 있는 향기와 냄새가 나는 온갖 물건을 냄새로 아느니라.

　수만나꽃과 사제꽃의 향기와 다마라와 전단과 침수와 계수나무의 향과 가지가지의 꽃과 과일

憶念不謬　爾時世尊 欲重宣此義 而說偈言
是人鼻淸淨　於此世界中　若香若臭物
種種悉聞知　須曼那闍提　多摩羅栴檀
沈水及桂香　種種華菓香　及知衆生香

의 향기를 아느니라. 또 중생들의 향기와 남자와 여자의 향기를 알며, 설법하는 사람이 멀리 있어도 향기를 맡아 있는 곳을 알며, 큰 세력이 있는 전륜성왕과 소전륜왕과 그의 아들과 신하와 궁전에 있는 사람들의 향기를 맡아 그들이 있는 곳을 아느니라.

　몸에 지닌 보배와 땅 속에 묻혀 있는 보배와 전륜왕의 보배 여자들의 향기를 맡아서 그들이 있는

男子女人香　　說法者遠住　　聞香知所在
大勢轉輪王　　小轉輪及子　　群臣諸宮人
聞香知所在　　身所著珍寶　　及地中寶藏
轉輪王寶女　　聞香知所在　　諸人嚴身具

곳을 알며, 사람들의 장신구와 의복과 영락과 바르는 향기들로 바로 그 사람을 아느니라.

천인들이 다니는지 앉아 있는지 노는지 신통으로 변화를 부리는지를 이 법화경을 지니는 자는 향기를 맡아 모두 다 알 수 있으며, 모든 나무와 꽃과 과일과 소유의 향기를 경을 지니는 자는 이곳에 있으면서도 있는 곳을 다 아느니라.

衣服及瓔珞　　種種所塗香　　聞香知其身
諸天若行坐　　遊戲及神變　　持是法華者
聞香悉能知　　諸樹華菓實　　及蘇油香氣
持經者住此　　悉知其所在

깊고 험한 산 속에서 전단향나무의 꽃이 핀 것과 그 속에 있는 중생들을 냄새로 다 알며, 철위산과 큰 바다와 땅속의 중생들을 경을 지닌 자는 향기로 그들이 있는 곳을 다 아느니라.

아수라의 남녀와 그들의 권속들이 싸우거나 놀 때를 냄새로 다 알며, 넓은 들판이나 험하거나 좁은 곳에 있는 사자와 코끼리와 호랑이와 이리와 들소와 물소들을

諸山深嶮處	栴檀樹花敷	衆生在中者
聞香皆能知	鐵圍山大海	地中諸衆生
持經者聞香	悉知其所在	阿修羅男女
及其諸眷屬	鬪諍遊戲時	聞香皆能知
曠野嶮隘處	師子象虎狼	野牛水牛等

냄새로 있는 곳을 알며, 임신한 사람이 남자인지 여자인지 중성인지 사람이 아닌지를 분별하지 못하여도 냄새로 다 아느니라.

냄새를 맡는 능력으로 처음 임신하였을 때 이룰지, 못 이룰지와 편안하게 복된 아들을 낳을지를 알며, 냄새를 맡는 능력으로 남자와 여자가 생각하는 것과 욕심에 물들어 어리석으며 성을 잘 내는 것을 알며, 아울러 착한 것을 닦는

聞香知所在
無根及非人
知其初懷妊
以聞香力故
亦知修善者

若有懷妊者
聞香悉能知
成就不成就
知男女所念

未辯其男女
以聞香力故
安樂産福子
染欲癡恚心

것도 알며, 땅 속에 묻혀 있는 것들인 금과 은과 진귀한 보배와 구리그릇에 담겨 있는 것들을 냄새로 다 알며, 그 값을 알 수 없는 가지가지의 영락도 향기를 맡아 귀하고 천함과 나는 곳과 있는 곳을 아느니라.

하늘나라의 꽃들인 만다라꽃과 만수사꽃과 파리질다라수의 꽃을 향기로 모두 알고, 하늘에 있는 궁전들의 상·중·하의 구별과 보배

地中衆伏藏　金銀諸珍寶　銅器之所盛
聞香悉能知　種種諸瓔珞　無能識其價
聞香知貴賤　出處及所在　天上諸華等
曼陀曼殊沙　波利質多樹　聞香悉能知
天上諸宮殿　上中下差別

꽃들로 꾸민 모양을 향기로 다 알며, 하늘의 꽃동산과 수풀과 훌륭한 궁전과 누각과 훌륭한 법당과 그 속에서 즐겁게 지내는 것을 향기로 다 아느니라.

하늘들이 법을 듣거나 오욕락을 즐기고 있을 때 오고 가며 다니거나 앉거나 누워 있는 것을 향기로 다 알며, 하늘의 여자들이 좋은 꽃과 향기로 꾸민 옷을 입고 빙빙 돌며 놀 때를 그 향기로 다 알며,

衆寶華莊嚴　聞香悉能知　天園林勝殿
諸觀妙法堂　在中而娛樂　聞香悉能知
諸天若聽法　或受五欲時　來往行坐臥
聞香悉能知　天女所著衣　好華香莊嚴
周旋遊戲時　聞香悉能知

이렇게 점점 올라가서 범천에 이르기까지 선정에 들고 나오는 것을 향기로 다 아느니라.

광음천과 변정천에서 유정천에 이르기까지 처음 생기거나 물러나 없어지는 것을 향기로 다 알며, 많은 비구들이 불법에 대하여 항상 정진하며 앉거나 거닐거나 경전을 읽고 외우며 나무 아래에서 오로지 마음을 모아 좌선하는 것을 경을 지닌 법사는 향기로 그들

如是展轉上
聞香悉能知
初生及退沒
於法常精進
或在林樹下

乃至於梵天
光音遍淨天
聞香悉能知
若坐若經行
專精而坐禪

入禪出禪者
乃至于有頂
諸比丘衆等
及讀誦經法
持經者聞香

이 있는 곳을 다 알며, 보살이 뜻이 견고하여 좌선하거나 읽고 외우거나 남을 위해 설법하는 것을 향기로 다 아느니라.

곳곳마다에 계시는 세존께서 일체의 공경을 받으시며 중생을 어여삐 여기셔서 설법하시는 것도 향기로 다 알며, 중생들이 부처님 앞에서 경을 듣고 모두 다 기뻐하며 가르침대로 수행하는 것을 향기로 다 아느니라. 비록 보살의

悉知其所在　菩薩志堅固　坐禪若讀誦
或爲人說法　聞香悉能知　在在方世尊
一切所恭敬　愍衆而說法　聞香悉能知
衆生在佛前　聞經皆歡喜　如法而修行
聞香悉能知　雖未得菩薩

무루법으로 생기는 코는 얻지 못하였으나 이 경을 지니는 사람은 이런 코의 모습을 먼저 얻느니라.

"또 상정진보살아! 만약에 선남자 선여인이 이 경을 받아들여 지니고 읽고 외우고 해설하며 옮겨 쓰면 일천이백의 혀의 공덕을 얻느니라. 좋거나 좋지 않거나, 맛나거나 맛나지 않거나, 쓰거나 떫은 것들이 이 사람의 혀에 닿으

無漏法生鼻　　而是持經者　　先得此鼻相
復次常精進 若 善男子 善女人 受持是經 若讀若誦 若解說 若書寫 得 千二百舌功德 若好若醜 若美不美 及諸苦澁物 在其舌根

면 무엇이든지 좋은 맛으로 변하여 하늘의 감로수와 같이 되므로 맛없는 것이 없느니라. 만일 이 혀로 대중 가운데서 연설을 하면, 깊고 묘한 소리가 나서 그들의 마음 속으로 들어가므로 모두를 기쁘고 즐겁게 하느니라.

또 천자와 천녀와 제석천왕과 범천왕들이 이 깊고 묘한 소리로 질서정연하게 연설하는 말을 모두 다 들으러 오며, 또 모든 용과

皆變成上味 如天甘露 無不美者 若以舌根 於 大衆中 有所演說 出 深妙聲 能入其心 皆令歡喜快樂 又諸天子 天女 釋梵諸天 聞是 深妙音聲 有所演說 言論次第 皆悉來聽

용녀와 야차와 야차녀와 건달바와 건달바녀와 아수라와 아수라녀와 가루리와 가루라녀와 긴나라와 긴나라녀와 마후라가와 마후라가녀들이 법을 들으려고 모두들 와서 가까이 하며 공경하고 공양하며, 또 비구와 비구니와 우바새와 우바이와 국왕과 왕자와 신하와 권속들과 소 전륜왕과 대전륜왕의 칠보와 일천 명이나 되는 아들과 안과 밖의 권속들이 그

及 諸龍龍女 夜叉 夜叉女 乾闥婆 乾闥婆女 阿修羅 阿修羅女 迦樓羅 迦樓羅女 緊那羅 緊那羅女 摩睺羅伽 摩睺羅伽女 爲 聽法故 皆來親近 恭敬供養 及 比丘 比丘尼 優婆塞 優婆夷 國王王子 群臣眷屬 小轉輪王 大轉輪王 七寶千子 內外眷屬

들의 궁전에 올라 다 함께 법을 들으러 올 것이며, 이 보살이 법을 잘 설하기 때문에 바라문과 거사와 나라안의 백성들이 목숨이 다하도록 따라 다니며 모시고 공양하며, 또 성문과 벽지불과 보살들과 부처님들께서 항상 이 사람 보기를 즐겨 하며, 이 사람이 있는 쪽의 부처님들도 모두 다 그가 있는 곳을 향하여 설법을 하시니 일체의 불법을 모두 받아 지닐 것이

乘其宮殿 俱來聽法 以是菩薩 善說法故 婆羅門居士 國內人民 盡其形壽 隨侍供養 又諸聲聞辟支佛 菩薩諸佛 常樂見之 是人所在 方面諸佛 皆向其處說法 悉能受持 一切佛法

며, 깊고 묘한 법의 음성을 낼 수 있을 것이니라."

 세존께서 이 뜻을 거듭 펴시려고 게송으로 말씀하셨다.

 이 사람은 미각이 깨끗하여 끝끝내 나쁜 맛은 받아들이지 않으며, 이 사람이 먹는 것은 모두다 감로수가 되느니라. 깊고 맑고 아름다운 소리로 대중들에게 설법을 하며, 모든 인연과 비유로 중생

又能出於 深妙法音 爾時世尊 欲重宣此義 而說偈言
是人舌根淨　　終不受惡味　　其有所食噉
悉皆成甘露　　以深淨妙聲　　於大衆說法
以諸因緣喩

들의 마음을 인도하므로 듣는 사람들은 모두다 기뻐하며 가장 좋은 공양을 올리느니라. 모든 하늘과 용과 야차와 아수라들이 모두 공경하는 마음으로 다 함께 와서 법을 듣느니라.

설법을 하는 이 사람이, 좋은 음성을 삼천세계에 울려 퍼지게 하려면 생각대로 될 것이며, 크고 작은 전륜성왕과 천이나 되는 아들과 그들의 권속들이 합장하며

引導衆生心
諸天龍夜叉
而共來聽法
遍滿三千界
及千子眷屬

聞者皆歡喜
及阿修羅等
是說法之人
隨意卽能至
合掌恭敬心

設諸上供養
皆以恭敬心
若欲以妙音
大小轉輪王

공경하는 마음으로 항상 법을 들을 것이며, 모든 하늘과 용과 야차와 나찰과 비사사도 역시 기쁜 마음으로 와서 항상 즐겁게 공양하며, 법천왕과 마왕과 자재천과 대자재천 등의 하늘 무리들도 항상 그곳에 찾아오며, 부처님들과 제자들도 그가 설법하는 소리를 듣고 항상 생각하시고 수호하시며 때로는 몸을 나타내시기도 하느니라.

常來聽受法　諸天龍夜叉　羅刹毗舍闍
亦以歡喜心　常樂來供養　梵天王魔王
自在大自在　如是諸天衆　常來至其所
諸佛及弟子　聞其說法音　常念而守護
或時爲現身

"또 상정진보살아! 만일 선남자 선여인이 이 경을 받아 지니고 읽거나 외우거나 해설하거나 옮겨 쓰면 팔백 가지의 몸의 공덕을 얻느니라.

맑고 깨끗한 몸을 얻어 깨끗한 유리 같으므로 중생들이 보기를 좋아하며, 그의 몸이 깨끗하므로 삼천대천세계의 중생들이 나는 때와 죽는 때와 높고 낮음과 좋고 나쁜 것과 좋은 곳에 나는 것과 나

復次常精進 若 善男子 善女人 受持是經 若讀若誦 若解說 若書寫 得八百 身功德 得 淸淨身 如淨瑠璃 衆生憙見 其身 淨故 三千大千世界衆生 生時死時 上下好醜生 善處惡處 悉於中現

쁜 곳에 나는 것이 모두 다 그의 몸에 나타나며, 철위산과 대철위산과 미루산과 마하미루산 등의 산들과 그 속의 중생들이 모두 다 그의 몸에 나타나며, 아래로는 아비지옥에서 위로는 유정천에 이르기까지에 있는 것과 그 속에 있는 중생들이 모두 다 그의 몸에 나타나느니라. 또 성문과 벽지불과 보살과 부처님들께서 설법을 하시면 그것들도 모두 그의 몸에 그 형

及 鐵圍山 大鐵圍山 彌樓山 摩訶彌樓山 等諸山 及 其中衆生 悉於中現 下至阿鼻地獄 上至有頂 所有及衆生 悉於中現 若聲聞辟支佛 菩薩諸佛說法 皆於身中 現其色像

상이 나타나느니라."
 세존께서 이 뜻을 거듭 펴시려고 게송으로 말씀하셨다.

 법화경을 지니는 자는 그의 몸이 매우 청정하여 깨끗한 유리와 같으므로 중생들이 보면 모두다 기뻐하느니라.
 깨끗하고 맑은 거울에 온갖 형상이 모두다 보이는 것처럼 보살의 맑은 몸에서 세상에 있는 것을

爾時世尊 欲重宣此義 而說偈言
若持法華者　其身甚淸淨　如彼淨瑠璃
衆生皆憙見　又如淨明鏡　悉見諸色像
菩薩於淨身　皆見世所有

모두 다 보게 되는데, 오직 혼자서만 분명히 알고 다른 사람은 보지 못하느니라.

　삼천대천세계 가운데의 모든 생물과 하늘과 사람과 아수라와 지옥과 귀신과 축생 등의 형상들이 모두 다 그의 몸에 나타나며, 하늘들의 궁전과 유정천에 이르기까지에 있는 철위산과 미루산과 마하미루산과 모든 바다의 물 등이 그의 몸에 나타나며, 모든 부처

唯獨自明了	餘人所不見	三千世界中
一切諸群萌	天人阿修羅	地獄鬼畜生
如是諸色像	皆於身中現	諸天等宮殿
乃至於有頂	鐵圍及彌樓	摩訶彌樓山
諸大海水等	皆於身中現	

님과 성문과 불자인 보살들이 혼자서나 대중 속에서 설법하는 것이 모두다 그의 몸에 나타나며, 무루법성의 훌륭한 몸은 얻지 못하였지만 항상 청정한 몸에 모든 것이 모두다 나타나느니라.

"또 상정진보살아, 만일 선남자 선여인이 여래가 열반한 후에 이 경을 받아 지니고 읽고 외우며 해설하고 옮겨 쓰면 일천이백 가

諸佛及聲聞　佛子菩薩等　若獨若在衆
說法悉皆現　雖未得無漏　法性之妙身
以淸淨常體　一切於中現
復次常精進 若 善男子 善女人 如來滅後 受持是經 若

지의 마음 공덕을 얻느니라.
 이 맑고 깨끗한 의근으로 한 게송이나 한 구절이라도 들으면 한량없고 가없는 뜻을 통달하느니라. 이 뜻을 이해한 후 한 구절이나 한 게송이라도 한 달에서 넉 달이나 일 년에 이르기까지 연설하더라도 설법한 것들은 그 뜻과 이치를 따른 것이라, 모두다 실상과 같으며 서로 위배되는 것이 없느니라. 만약 세속에서 설하는 경서

讀若誦 若解說 若書寫 得 千二百意功德 以是清淨意根 乃至聞一偈一句 通達無量無邊之義 解是義已 能 演說 一句一偈 至於一月四月 乃至一歲 諸所說法 隨其義趣 皆與實相 不相違背 若說俗間經書

와 세상을 다스리는 말과 생활하는 방법을 설하더라도 모두다 정법에 일치하며, 삼천대천세계에 있는 육도 중생이 마음으로 행하는 것과 마음에 움직이고 있는 것과 마음으로 헛되이 논하는 것을 모두 아느니라. 무루의 지혜는 얻지 못하였으나 그의 의근이 이와 같이 청정하므로, 이 사람이 생각하고 헤아리고 말하는 것은 모두다 부처님의 가르침이며, 진실하

治世語言 資生業等 皆順正法 三千大千世界 六趣眾生 心之所行 心所動作 心所戲論 皆悉知之 雖未得 無漏智慧 而其意根 淸淨如此 是人 有所思惟 籌量言說 皆是佛法

지 않은 것이 없으며 과거의 부처
님들께서 경전에서 설하신 말씀
이니라."

세존께서 이 뜻을 거듭 펴시려
고 게송으로 말씀하셨다.

이 사람의 마음은 청정하고 분
명하며 똑똑하여 흐리거나 더러
움이 없느니라. 이 아름다운 마음
으로 상·중·하의 법을 알며 한
게송만 듣더라도 헤아릴 수 없는

無不眞實 亦是先佛經中所說
爾時世尊 欲重宣此義 而說偈言

是人意淸淨　　明利無穢濁　　以此妙意根
知上中下法　　乃至聞一偈　　通達無量義

뜻을 통달하여 한 달에서 넉 달이나 일 년에 이르기까지 가르침대로 차례대로 설하며, 이 세계의 안과 밖의 온갖 중생들인 하늘과 용과 사람과 야차와 귀신들이 육도에 있으면서 가지가지로 생각하는 것을 법화경을 지닌 과보로 일시에 다 알며, 시방의 수없는 부처님들께서 백 가지의 복으로 장엄하신 모습으로 중생을 위해 설법하시는 것을 모두다 듣고 받아 지

次第如法說　月四月至歲　是世界內外
一切諸衆生　若天龍及人　夜叉鬼神等
其在六趣中　所念若干種　持法華之報
一時皆悉知　十方無數佛　百福莊嚴相
爲衆生說法　悉聞能受持

니며, 한량없는 뜻을 생각하고 한
량없는 법을 설하되 처음부터 끝
까지 잊어버리거나 틀리는 것이
없으리니, 이 법화경을 지닌 까닭
이니라. 모든 존재의 참된 모습을
다 알고 뜻을 따라 설할 순서를 알
며, 이름과 말과 글에 통달하여 알
고 있는 대로 설하리니, 이 사람이
설하는 것은 모두 과거 부처님의
가르침이며, 이 가르침을 설하는
까닭으로 대중을 두려워하지 않

思惟無量義　說法亦無量　終始不忘錯
以持法華故　悉知諸法相　隨義識次第
達名字語言　如所知演說　此人有所說
皆是先佛法　以演此法故　於衆無所畏

느니라. 법화경을 받아 지니는 마음이 이와 같이 맑아서 무루지는 얻지 못하였으나, 이와 같이 훌륭한 모습을 먼저 갖추게 되느니라.

이 경을 받아 지니는 사람은 희유한 경지에 편안히 머무르며, 일체 중생의 기쁨과 사랑과 공경을 받으며 천만 가지 좋은 말로 분별하여 설법하리니 『법화경』을 지니는 까닭이니라.

제 십구 법사공덕품 끝

持法華經者 意根淨若斯 雖未得無漏
先有如是相 是人持此經 安住希有地
爲一切衆生 歡喜而愛敬 能以千萬種
善巧之語言 分別而說法 持法華經故

第十九 法師功德品 終

제 이십 상불경보살품

 그때 부처님께서 득대세보살마하살에게 말씀하셨다.
 "너는 이제 마땅히 알아라. 만일 비구와 비구니와 우바새와 우바이로서 법화경을 지니고 있는 자를 나쁜 말로 욕설하고 비방하면 그가 받는 벌이 큰 것은 앞서 말한 바와 같고, 법화경을 받아 가지는 사람이 얻는 공덕은 앞서 말

第二十 常不輕菩薩品

爾時 佛告得大勢菩薩摩訶薩 汝今當知 若 比丘比丘尼 優婆塞 優婆夷 持法華經者 若有惡口 罵詈誹謗 獲大罪報 如前所說 其所得功德 如向所說 眼耳鼻舌身意淸淨

한 바와 같이 눈, 귀, 코, 혀, 몸, 마음이 청정하여질 것이니라.

득대세야! 한량없고 가없으며 불가사의한 아승지 겁이 지난 아주 먼 옛날에 부처님이 계셨으니, 명호는 위음왕여래·응공·정변지·명행족·선서·세간해·무상사·조어장부·천인사·불세존이었으며 겁의 이름은 이쇠였고 나라의 이름은 대성이었느니라.

그 위음왕 부처님께서 그 세상

得大勢 乃往古昔 過 無量無邊不可思議阿僧祇劫 有佛 名 威音王如來 應供 正遍知 明行足 善逝 世間解 無上士 調御丈夫 天人師 佛世尊 劫名 離衰 國名 大成 其威音王佛 於彼世中

에 계실 때 하늘과 사람과 아수라를 위하여 법을 설하셨는데, 성문을 구하는 자에게는 사제법을 설하여 생로병사를 뛰어 넘어 열반에 이르게 하셨느니라. 벽지불을 구하는 자에게는 십이인연법을 설하였으며, 보살들을 위하여서는 아뇩다라삼먁삼보리를 얻게 하는 육바라밀을 설하여 마침내는 부처님의 지혜에 들게 하셨느니라.

爲天人阿修羅說法 爲求聲聞者 說應四諦法 度 生老病死 究竟涅槃 爲求辟支佛者 說應十二因緣法 爲諸菩薩 因 阿耨多羅三藐三菩提 說應六波羅蜜法 究竟佛慧

득대세야! 이 위음왕 부처님의 수명은 사십만억 나유타 항하사의 겁이었으며, 정법이 세상에 머무른 겁의 수는 염부제의 티끌 수와 같았으며, 상법이 세상에 머무른 겁의 수도 사천하의 티끌 수같았느니라. 그 부처님께서는 중생들을 이롭게 하신 뒤에 열반하셨으며, 정법과 상법이 다 없어진 뒤에 그 국토에 다시 부처님께서 출현하셨는데, 또한 명호가 위음왕

得大勢 是 威音王佛 壽 四十萬億 那由他 恒河沙劫 正法住世劫數 如 一閻浮提微塵 像法住世劫數 如 四天下微塵 其佛 饒益衆生已然後 滅度 正法像法 滅盡之後 於此國土 復有佛出

여래·응공·정변지·명행족·선서·세간해·무상사·조어장부·천인사·불세존이었느니라.
　이와 같이 차례로 나타나신 이 만억 부처님이 다 같이 한 이름이었는데 맨 처음의 위음왕여래가 열반을 하시고, 정법이 없어진 뒤 상법의 시절에 교만하고 잘난 체하는 비구들이 큰 세력을 가지고 있었는데, 그때 상불경이라는 보살 비구가 있었느니라.

亦號威音王如來 應供 正遍知 明行足 善逝 世間解 無上士 調御丈夫 天人師 佛世尊 如是次第 有 二萬億佛 皆同一號 最初威音王如來 旣已滅度 正法滅後 於像法中 增上慢比丘 有大勢力 爾時 有一菩薩比丘 名 常不輕

득대세야! 어떠한 인연으로 상불경이라 하는가 하면, 이 비구는 보이는 사람이 누구이든지, 비구이거나 비구니이거나 우바새이거나 우바이라도 모두에게 예배하고 찬탄하며 이렇게 말하였느니라.

'저는 당신들을 깊이 공경하며 감히 가볍게 보거나 업신여기지 않습니다. 왜냐하면 당신들은 모두다 보살의 도를 행하여 마땅히 성불하실 것이기 때문입니다.'

得大勢 以何因緣 名 常不輕 是比丘 凡有所見 若 比丘 比丘尼 優婆塞 優婆夷 皆悉禮拜讚歎 而作是言 我 深敬汝等 不敢輕慢 所以者何 汝等 皆行菩薩道 當得作佛

이 비구는 경전을 읽거나 외우지 않고 오로지 예배만 하였는데, 멀리서라도 사부대중을 보면 쫓아가서 예배하고 찬탄하며, '저는 감히 당신들을 가볍게 보지 않습니다. 당신들은 모두다 부처님이 되실 것이기 때문입니다.'라고 하였느니라.

사부대중 가운데 성을 잘 내며 마음이 맑지 못한 자들은 악한 입으로 욕하며 꾸짖기를 '이 무식

而是比丘 不專讀誦經典 但行禮拜 乃至遠見四衆 亦復故往 禮拜讚歎 而作是言 我不敢輕於汝等 汝等 皆當作佛 四衆之中 有生瞋恚 心不淨者 惡口罵詈言

한 비구야! 어디에서 와서, 나는 당신들을 가볍게 보지 않는다고 하며 우리들에게 부처님이 된다는 수기까지 주느냐? 우리들은 그와 같이 허망한 수기는 필요가 없다.' 하였느니라.

이렇게 여러 해 동안 비웃음과 욕설을 들으면서도 성을 내지 않고 항상 '당신들은 부처님이 될 것입니다.' 하였느니라. 이런 말을 할 때에 사람들이 몽둥이로 때

是 無智比丘 從何所來 自言 我不輕汝 而與我等授記 當得作佛 我等 不用 如是虛妄授記 如此經歷多年 常被罵詈 不生瞋恚 常作是言 汝當作佛 說是語時 衆人 或以杖木瓦石

리거나 돌이나 기와를 던지면 멀리 피해 달아나면서도 큰 소리로 '저는 당신들을 절대 가벼이 보지 않습니다. 당신들은 모두다 성불하실 것입니다.' 하였느니라. 그 사람이 항상 이런 말을 하였기 때문에 교만하고 잘난 체하는 비구와 비구니와 우바새와 우바이들이 상불경이라고 불렀느니라.

이 비구가 목숨이 다 되었을 때에 허공 중에서 위음왕 부처님께

而打擲之 避走遠住 猶高聲唱言 我不敢輕於汝等 汝等皆當作佛 以其常作是語故 增上慢比丘比丘尼 優婆塞優婆夷號之爲常不輕 是比丘 臨欲終時 於虛空中 具聞威音王佛

서 설하신 법화경의 이십천만억 게송이 들리므로 자세히 듣고 모두다 받아 지녀서 앞서 말한 것과 같이 눈의 청정함과 귀와 코와 혀와 몸과 마음의 청정함을 얻었는데, 이 육근의 청정함을 얻고 나서 수명이 다시 이백만억 나유타로 늘어나 사람들을 위하여 널리 이 법화경을 설하였느니라.

　이때에 잘난 체하고 교만한 사부대중으로, 이 사람을 가볍고 천

先所說 法華經 二十千萬億偈 悉能受持 卽得如上眼根 淸淨 耳鼻舌身 意根淸淨 得是六根淸淨已 更增壽命 二百萬億 那由他歲 廣爲人說 是 法華經 於時 增上慢 四衆 比丘比丘尼 優婆塞 優婆夷

하게 여기어 상불경이라 이름 지은 비구와 비구니와 우바새와 우바이들은 그가 큰 신통력과 중생들이 원하는 바에 따라 자유자재로 법을 설하는 능력과 큰 지혜의 힘을 얻은 것을 보고, 또 그가 설하는 것을 듣고서 믿고 따르며 복종하게 되었다.

이 보살은 다시 천만억 중생들을 교화하여 아뇩다라삼먁삼보리에 머물게 하였으며, 목숨이 다한

輕賤是人 爲 作不輕名者 見其得大神通力 樂說辯力 大善寂力 聞其所說 皆信伏隨從 是菩薩 復化千萬億衆 令住阿耨多羅三藐三菩提 命終之後

후에는 이천억의 부처님을 만났으니 그 부처님들의 명호가 다 같이 일월등명이었느니라.

그 부처님들의 법 가운데서 이 법화경을 설하였으며, 이런 인연으로 다시 이천억 부처님을 만났는데 명호가 똑같이 운자재등왕이었다. 이 여러 부처님들의 법 가운데서 이 경전을 받아 지니고 읽고 외우며 사부대중들을 위하여 설하였으므로, 항상 눈이 청정하

得值二千億佛 皆號日月燈明 於其法中 說是法華經 以是因緣 復值二千億佛 同號雲自在燈王 於此諸佛法中 受持讀誦 爲諸四衆 說此經典故 得是常眼淸淨

며 귀와 코와 혀와 몸과 마음의 근기들이 청정하여 사부대중 가운데서 두려운 마음 없이 설법하였느니라.

득대세야! 이 상불경보살마하살은 이와 같이 많은 부처님들을 공양하고 공경하며 존중하고 찬탄하며 선근들을 심었으며, 후에 다시 천만억 부처님들을 만났으며, 또 부처님들의 법 가운데서 이 경전을 설하고 공덕이 쌓이고 쌓

耳鼻舌身意 諸根 淸淨 於 四衆中 說法 心無所畏 得大勢 是常不輕菩薩摩訶薩 供養如是 若干諸佛 恭敬尊重讚歎 種諸善根 於後 復値千萬億佛 亦於諸佛法中 說是經典 功德成就

여 성불하였느니라.

득대세야! 어떻게 생각하느냐? 그때의 상불경보살이 어찌 다른 사람이겠느냐! 곧 나의 몸이니라. 내가 만일 오랜 세월동안 이 경을 받아 지니고 읽고 외우며 다른 사람을 위하여 설하지 않았다면, 아뇩다라삼먁삼보리를 빨리 얻지 못하였을 것이다. 내가 과거의 부처님들 처소에서 이 경을 받아 지니고 읽고 외우며 사람들을 위하

當得作佛 得大勢 於意云何 爾時 常不輕菩薩 豈異人乎 則 我身 是 若我於宿世 不受持讀誦此經 爲他人說者 不能疾得 阿耨多羅三藐三菩提 我於先佛所 受持讀誦 此經 爲人說故

여 설하였으므로 아뇩다라삼먁삼보리를 빨리 얻은 것이니라.

　득대세야! 그때의 사부대중인 비구와 비구니와 우바새와 우바이들은 성을 내며 나를 가볍고 천하게 여겼기에 이백억 겁 동안이나 부처님을 만나 뵙지 못하고 법을 듣지 못하였으며 수행자도 만나지 못하였으며 일천 겁 동안 아비지옥에서 크나큰 고통과 괴로움을 받았는데, 이 죄를 다 받은

疾得阿耨多羅三藐三菩提 得大勢 彼時四衆 比丘比丘尼 優婆塞 優婆夷 以瞋恚意 輕賤我故 二百億劫 常不值佛 不聞法 不見僧 千劫 於阿鼻地獄 受大苦惱

후에 다시 상불경보살을 만나 아뇩다라삼먁삼보리의 교화를 받았느니라.

 득대세야! 어떻게 생각하느냐? 그때의 사부대중으로 상불경보살을 항상 경멸하던 자들이 어찌 다른 사람들이겠느냐! 지금 이 법회에 있는 발타바라 등의 오백 보살과 사자월 등의 오백 비구와 니사불 등의 오백 우바새들로서 아뇩다라삼먁삼보리에서 물러나지 않

畢是罪已 復遇常不輕菩薩 敎化阿耨多羅三藐三菩提
得大勢 於 汝意云何 爾時四衆 常輕是菩薩者 豈異人乎
今此會中 跋陀婆羅等 五百菩薩 師子月等五百比丘 尼
思佛等 五百優婆塞 皆於阿耨多羅三藐三菩提

는 이들이니라.

　득대세야, 마땅히 알아라! 이 법화경은 보살마하살들을 크게 이롭게 하며 아뇩다라삼먁삼보리에 이를 수 있게 하느니라. 그러므로 보살마하살들은 여래가 열반한 후에 항상 이 경을 받아 지니고 읽고 외우며 해설하고 옮겨 써야 하느니라."

　세존께서 이 뜻을 거듭 펴시려고 게송으로 말씀하셨다.

不退轉者是 得大勢 當知 是法華經 大饒益諸菩薩摩訶薩 能令至於阿耨多羅三藐三菩提 是故 諸菩薩摩訶薩 於 如來滅後 常應受持讀誦 解說書寫 是經
爾時世尊 欲重宣此義 而說偈言

과거에 명호가 위음왕이라는
부처님께서 계셨는데, 신통과 지
혜가 한량없어서 일체를 인도하
고 하늘과 사람과 용과 신들의 공
양을 받았느니라. 이 부처님께서
열반하신 후 법이 멸하려 할 때 상
불경이라는 보살이 있었느니라.
그때의 사부대중들은 법에 집착
하였으므로 상불경보살이 그들을
찾아가서 '나는 당신들을 가볍게
보지 않습니다. 당신들은 도를 행

過去有佛　號威音王　神智無量　將導一切
天人龍神　所共供養　是佛滅後　法欲盡時
有一菩薩　名常不輕　時諸四衆　計著於法
不輕菩薩　往到其所　而語之言　我不輕汝

하므로 모두다 부처님이 될 것입니다.' 하였지만, 사람들은 이 소리를 듣고서 그를 가볍게 보며 비방하고 욕하였는데 상불경보살은 모두다 참고 견디었느니라.

숙세의 죄보를 다 받고 임종할 때가 되었을 때 이 경을 듣고 육근의 청정함과 신통력을 얻었으므로 수명이 늘어나 다시 사람들을 위하여 이 경을 널리 설하였느니라. 온갖 법에 집착을 하는 중생들

汝等行道　皆當作佛　諸人聞已　輕毀罵詈
不輕菩薩　能忍受之　其罪畢已　臨命終時
得聞此經　六根淸淨　神通力故　增益壽命
復爲諸人　廣說是經　諸著法衆　皆蒙菩薩

이 모두이 보살의 교화를 받았으며 공덕을 성취하여 불도에 머무르게 되었느니라.

상불경보살은 목숨이 다 했을 때 수없는 부처님들을 만났는데, 이 경을 설한 까닭으로 한량없는 복을 받고 점점 공덕을 갖추어서 불도를 빨리 이루었느니라. 그때의 상불경보살은 곧 나의 이 몸이며, 그때의 사부대중으로 법에 집착을 한 사람들은 상불경보살이

敎化成就	令住佛道	不輕命終	値無數佛
說是經故	得無量福	漸具功德	疾成佛道
彼時不輕	則我身是	時四部衆	著法之者

'당신들은 부처님이 될 것입니다.'라고 하였던 말을 들은 인연으로 수없는 부처님을 만난 이들로서 이 모임에 있는 오백의 보살들과 사부대중인 청신사, 청신녀들로서 내 앞에서 법을 듣고 있는 사람들이니라.

내가 지난 세상에서 이 사람들에게 가장 으뜸가는 법인 이 경을 듣고 받아들이도록 권하였으며 열어 보이고 가르쳐서 열반에 머

聞不輕言　汝當作佛　以是因緣　值無數佛
此會菩薩　五百之衆　幷及四部　淸信士女
今於我前　聽法者是　我於前世　勸是諸人
聽受斯經　第一之法　開示敎人　令住涅槃

무르게 하였으며, 세세생생 이 경전을 받아 지니게 하였느니라.

억억만 겁에서 불가사의한 겁에 이르더라도 때가 되어야 이 법화경을 들을 수 있으며, 억억만 겁에서 불가사의한 겁에 이르더라도 모든 부처님 세존들께서는 때가 되어야 이 경을 설하시느니라. 그러므로 수행하는 자들은 부처님께서 열반하신 후에 이와 같은 경을 들으면 의심하지 말고 마

世世受持　如是經典　億億萬劫　至不可議
時乃得聞　是法華經　億億萬劫　至不可議
諸佛世尊　時說是經　是故行者　於佛滅後
聞如是經　勿生疑惑

땅히 한결같은 마음으로 널리 이 경을 설하여 세세생생 부처님을 만나 뵙고 빨리 부처님의 도를 이루도록 하여라.

제 이십 상불경보살품 끝

應當一心　廣說此經　世世値佛　疾成佛道
　　　　　　　　　　第二十 常不輕菩薩品 終

제이십일 여래신력품

그때 땅 속에서 솟아나온 천 세계의 티끌 수 같은 보살마하살들이 모두다 부처님 앞에서 일심으로 합장하고 거룩한 모습을 우러러보며 부처님께 말씀드렸다.

"세존이시여! 저희들은 부처님께서 열반하신 후에, 부처님의 분신 부처님들이 계시다가 열반하신 곳에서 이 경을 설하겠습니다.

第二十一 如來神力品

爾時 千世界 微塵等菩薩摩訶薩 從地涌出者 皆於佛前 一心合掌 瞻仰尊顔 而白佛言 世尊 我等 於佛滅後 世尊分身 所在國土 滅度之處 當 廣說此經

왜냐하면 저희들도 이 참되고 깨끗하며 큰 법을 얻어 받아 지니고 읽고 외우며 해설하고 옮겨 쓰며 공양하고 싶기 때문입니다."

그때 세존께서 오랜 옛날부터 사바세계에 있던 문수사리를 비롯한 보살마하살들과 한량없는 백천만 억의 비구와 비구니와 우바새와 우바이와 천, 용, 야차, 건달바, 아수라, 가루라, 긴나라, 마후라가 등 사람과 사람 아닌 이 일

所以者何 我等 亦自欲得是 眞淨大法 受持讀誦 解說書寫 而供養之 爾時 世尊 於 文殊師利等 無量百千萬億 舊住娑婆世界 菩薩摩訶薩 及諸比丘比丘尼 優婆塞優婆夷 天龍夜叉 乾闥婆 阿修羅 迦樓羅 緊那羅 摩睺羅伽 人非人等

체 중생들 앞에서 큰 신통력으로 넓고 긴 혀를 내밀어 범천에 이르게 하시고 모든 털구멍에서 한량없고 수없는 빛깔의 광명을 놓으시며 시방세계를 두루 비추시니 보배 나무 아래의 사자좌에 계시던 부처님들도 역시 이와 같이 넓고 긴 혀를 내밀어 한량없는 빛을 놓으셨다.

석가모니 부처님과 보배 나무 아래 부처님들께서 백천년 동안

一切衆前 現 大神力 出 廣長舌 上至梵世 一切毛孔 放
於無量 無數色光 皆悉遍照 十方世界 衆寶樹下 師子座
上 諸佛 亦復如是 出廣長舌 放無量光 釋迦牟尼佛 及
寶樹下諸佛 現 神力時 滿 百千歲然後

신통력을 보이신 후에 혀를 거두시며 큰 기침을 한 번 하시고 다 같이 손가락을 퉁기시니 이 두 소리가 시방의 부처님들 세계에 두루 퍼지고 땅이 모두다 여섯 가지로 진동하였습니다.

그 가운데 있는 중생들로서 천, 용, 야차, 건달바, 아수라, 가루라, 긴나라, 마후라가 등 사람인 듯 아닌 듯한 이들이 부처님들의 신통력으로 사바세계의 한량없고

還攝舌相 一時謦欬 俱共彈指 是二音聲 遍至十方 諸佛世界 地皆六種震動 其中衆生 天龍夜叉 乾闥婆 阿修羅 迦樓羅 緊那羅 摩睺羅伽 人非人等 以佛神力故 皆見此娑婆世界 無量無邊

가없는 백천만억 보배 나무 아래 사자좌에 계시는 부처님들과 석가모니 부처님께서 다보여래와 함께 보배 탑 속의 사자좌에 앉아 계시는 것을 보았습니다.

또 한량없고 가없는 백천만억의 보살마하살과 사부대중들이 석가모니 부처님을 둘러싸고 공경하는 이런 광경을 보고서 모두 다 크게 기뻐하며 일찍이 없던 불가사의한 일이라 하고 있을 때 천

百千萬億 衆寶樹下 師子座上諸佛 及見釋迦牟尼佛 共多寶如來 在寶塔中 坐師子座 又見無量無邊 百千萬億 菩薩摩訶薩 及諸四衆 恭敬圍繞 釋迦牟尼佛 旣見是已 皆大歡喜 得未曾有

인들이 허공에서 큰 소리로 외쳤습니다.

"이 한량없고 가없는 백천만억 아승지 세계를 지나면 한 나라가 있으니 이름은 사바세계이고, 그곳에 부처님께서 계시는데 명호는 석가모니이시다. 지금 보살마하살들을 위하여 대승경을 설하시는데, 이름은 묘법연화이고 보살을 가르치는 법이며, 부처님들께서 보호하시고 깊이 생각하시

卽時諸天 於虛空中 高聲唱言 過此無量無邊 百千萬億 阿僧祇世界 有國 名娑婆 是中 有佛 名 釋迦牟尼 今爲 諸菩薩摩訶薩 說大乘經 名妙法蓮華 敎 菩薩法 佛所護念 汝等 當 深心隨喜

는 바이니 너희들은 마땅히 마음 깊이 따라 기뻐하며 석가모니 부처님께 예배하고 공양하여야 하느니라."

그 중생들이 허공에서 나는 소리를 듣고 사바세계를 향하여 합장하고 이렇게 말하였다.

"나무 석가모니불, 나무 석가모니불."

그리고 가지가지 꽃과 향과 영락과 깃발과 가리개와 장신구들

亦當禮拜供養 釋迦牟尼佛 彼諸衆生 聞 虛空中 聲已 合掌向 娑婆世界 作 如是言 南無釋迦牟尼佛 南無釋迦牟尼佛 以種種華香 瓔珞幡蓋 及諸嚴身之具

과 진귀한 보물과 아름다운 물건들을 모두다 같이 사바세계로 멀리 흩으니, 흩어진 물건들이 시방으로부터 오는 것을 비유하면, 마치 구름이 모이는 것 같더니 보배 장막으로 변하여 이 곳의 부처님들 위를 두루 덮었다.

이때 사바세계는 막힘이 없이 훤히 트이어 마치 하나의 불국토 같았다. 부처님께서 상행보살 등의 보살 대중에게 말씀하셨다.

珍寶妙物 皆共遙散 娑婆世界 所散諸物 從十方來 譬如雲集 變成寶帳 遍覆此間 諸佛之上 于時十方世界 通達無礙 如一佛土 爾時 佛告上行等 菩薩大衆

"부처님들의 신통력은 이와 같이 한량없고 가없으며 불가사의한 것이니라. 내가 이러한 신통력으로 한량없고 가없는 백천만억 아승지 겁 동안 후의 사람들에게 부촉하기 위해 이 경의 공덕을 설하더라도 다할 수가 없느니라.

중요한 것만 말한다면, 여래의 모든 가르침과 여래의 자유자재한 온갖 신통력과 여래의 온갖 비밀스럽고 중요한 법장과 여래의

諸佛神力 如是無量無邊 不可思議 若我以是神力 於無量無邊 百千萬億 阿僧祇劫 爲囑累故 說 此經功德 猶不能盡 以要言之 如來一切 所有之法 如來一切 自在神力 如來一切 秘要之藏

깊고 깊은 온갖 일들을 모두다 이 경에서 펴 보이고 드러내어 설하였느니라.

그러므로 너희들은 여래가 열반한 후에 당연히 한결 같은 마음으로 받아 지니고 읽고 외우며 해설하고 옮겨 쓰며 설한 바대로 수행하여라.

너희들이 있을 나라에서 만약에 받아들여 지니고 읽고 외우며 해설하고 옮겨 쓰며 설한 바대로

如來一切 甚深之事 皆於此經 宣示顯說 是故 汝等 於如來滅後 應一心 受持讀誦 解說書寫 如說修行 所在國土 若有受持讀誦 解說書寫 如說修行

수행하는 사람이 있거나, 경전이 있는 곳이면 그곳이 동산 속이거나 숲 속이거나 나무 아래이거나 승방이거나 재가 신도의 집이거나 법당이거나 산골짜기이거나 넓은 들판이라도 그곳에 모두다 탑을 세워 공양하여라. 왜냐하면 이런 곳은 곧 도량이기 때문이니라. 모든 부처님들께서 이런 곳에서 아뇩다라삼먁삼보리를 얻으셨으며, 모든 부처님들께서 이런 곳

若經卷所住之處 若於園中 若於林中 若於樹下 若於僧坊 若白衣舍 若在殿堂 若山谷曠野 是中 皆應 起塔供養 所以者何 當知是處 卽是道場 諸佛於此 得 阿耨多羅三藐三菩提 諸佛 於此

에서 법륜을 굴리셨으며, 모든 부처님들께서 이런 곳에서 열반에 드셨기 때문이니라."

세존께서 이 뜻을 거듭 펴시려고 게송으로 말씀하셨다.

부처님들께서는 세상을 구하시는 분이시기에 큰 신통력에 머무르시며, 중생들을 기쁘게 하기 위하여 한량없는 신통력을 나타내시어 넓고 긴 혀를 범천에까지 이

轉于法輪 諸佛 於此 而般涅槃
爾時世尊 欲重宣此義 而說偈言
諸佛救世者　　住於大神通　　爲悅衆生故
現無量神力　　舌相至梵天　　身放無數光

르게 하고, 몸으로 수없는 광명을 놓으시니 불도를 구하는 사람들을 위하여 이렇게 희유한 일을 나타내시는 것이니라. 부처님들께서 기침을 하시며 손가락을 한 번 퉁기시니, 소리가 시방세계에 두루 들리며 모든 땅들이 여섯 가지로 진동을 하는구나.

부처님께서 열반하신 후에 이 경전을 받아 지니겠다기에 부처님들께서 모두 다 기뻐하시며 한

爲求佛道者	現此希有事	諸佛謦欬聲
及彈指之聲	周聞十方國	地皆六種動
以佛滅度後	能持是經故	諸佛皆歡喜

량없는 신통력을 나타내신 것이니라. 이 경을 부탁하여 맡기려고 지니는 사람을 칭찬한다면 한량없는 겁이라도 다 할 수가 없느니라. 이 사람의 공덕은 가없으며 끝이 없어서 시방의 허공과 같으니 가와 끝을 알 수가 없느니라.

　이 경을 받아 지니는 사람은 나를 본 것이며, 다보 부처님을 본 것이며, 분신 부처님들을 본 것이며, 내가 오늘 교화한 보살들을 보

現無量神力
於無量劫中
無邊無有窮
能持是經者
及諸分身者

囑累是經故
猶故不能盡
如十方虛空
則爲已見我
又見我今日

讚美受持者
是人之功德
不可得邊際
亦見多寶佛
敎化諸菩薩

는 것이 되느니라.

　이 경을 받아 지니는 사람은 나와 분신 부처님들과 열반하신 다보 부처님과 일체를 모두다 기쁘게 하며, 시방에 현재 계시는 부처님과 과거와 미래의 부처님들도 뵈옵고 공양하며 기쁘게 하는 것이 되느니라. 이 경을 받아 지니는 사람은 부처님들께서 도량에서 얻으신 비밀스럽고 중요한 법을 머지 않아 얻을 것이니라.

能持是經者　令我及分身　滅度多寶佛
一切皆歡喜　十方現在佛　幷過去未來
亦見亦供養　亦令得歡喜　諸佛坐道場
所得秘要法　能持是經者　不久亦當得

이 경을 받아 지닌 사람은 모든 법의 뜻과 이름과 말씀을 끝이 없도록 즐겨 설하는 것이 바람이 공중에서 아무런 장애가 없는 것과 같으며, 여래가 열반하신 후 부처님께서 설하신 경전의 인연과 차례를 알고 뜻에 따라 진실하게 설하니 해와 달이 모든 어두움을 없애는 것과 같으니라.

이 사람이 세상을 다니며 중생들의 어두움을 없애주고 한량없

能持是經者　於諸法之義　名字及言辭
樂說無窮盡　如風於空中　一切無障礙
於如來滅後　知佛所說經　因緣及次第
隨義如實說　如日月光明　能除諸幽冥
斯人行世間　能滅衆生闇

는 보살들을 교화하여 필경에는 일승에 머무르게 하느니라.

그러므로 지혜 있는 사람은 이런 공덕과 이익을 듣고 내가 열반한 후에 마땅히 이 경을 받아 지녀라. 받아 지니는 사람이 부처님의 경지에 이르리라는 것은 의심할 여지가 없느니라.

제 이십일 여래신력품 끝

教無量菩薩　　畢竟住一乘　　是故有智者
聞此功德利　　於我滅度後　　應受持斯經
是人於佛道　　決定無有疑

第二十一 如來神力品 終

제이십이 촉루품

그때 석가모니 부처님께서 법좌에서 일어나 큰 신통력을 나타내시고 오른손으로 한량없는 보살마하살의 머리를 쓰다듬으시며 이렇게 말씀하셨다.

"내가 한량없는 백천만억 아승지겁 동안 이 얻기 어려운 아뇩다라삼먁삼보리의 법을 닦고 익혔는데, 이제 너희들에게 부탁하여

第二十二 囑累品

爾時 釋迦牟尼佛 從 法座起 現 大神力 以右手 摩 無量 菩薩摩訶薩頂 而作是言 我於無量百千萬億 阿僧祇劫 修習是難得 阿耨多羅三藐三菩提法 今以付囑汝等 汝

맡기니 너희들은 마땅히 한결같은 마음으로 이 법을 널리 펴고 더욱 이익되게 하여라."

이와 같이 모든 보살마하살의 머리를 세 번이나 쓰다듬으시며 이런 말씀을 하셨다.

"내가 한량없는 백천만억 아승지겁 동안에 얻기 어려운 아뇩다라삼먁삼보리를 닦고 익혔는데 이제 너희들에게 부탁하여 맡기니, 너희들은 마땅히 이 법을 받아

等 應當一心 流布此法 廣令增益 如是三摩 諸菩薩摩訶薩頂 而作是言 我於無量百千萬億 阿僧祇劫 修習是難得 阿耨多羅三藐三菩提法 今以付囑汝等 汝等 當 受持讀誦

지니고 읽고 외우며 널리 설하여 일체 중생들로 하여금 널리 들어 알게 하여라. 왜냐하면 여래는 대자비가 있어 모든 것을 아끼지 아니하며 거리낌도 없으므로, 중생들에게 부처님의 지혜와 여래의 지혜와 자연의 지혜를 줄 수 있기 때문이니라. 여래는 일체 중생의 대 시주이니 너희들도 응당 여래의 가르침을 따라 배워서 아끼는 마음을 내지 말아라.

廣宣此法 令一切衆生 普得聞知 所以者何 如來 有大慈悲 無諸慳吝 亦無所畏 能與衆生 佛之智慧 如來智慧 自然智慧 如來 是一切衆生之大施主 汝等 亦應隨學 如來之法 勿生慳吝

미래의 세상에 선남자, 선여인으로서 여래의 지혜를 믿는 사람에게는 마땅히 이 법화경을 설하여서 듣고 알게 하여라. 그 사람이 부처님의 지혜를 얻도록 하기 위해서인데, 만약 중생으로서 믿지 않고 받지 않는 자에게는 여래의 깊은 법 중에서 다른 것을 보이고 가르쳐서 이롭게 하고 기쁘게 하여라. 너희들이 이와 같이 할 수 있다면 곧 모든 부처님들의 은혜

於 未來世 若有善男子 善女人 信 如來智慧者 當爲演說 此 法華經 使得聞知 爲令其人 得佛慧故 若有衆生 不信受者 當於如來 餘深法中 示敎利喜 汝等 若能如是 則爲已報諸佛之恩

를 갚는 것이 되느니라."

 이때 보살마하살들이 부처님께서 이렇게 말씀하시는 것을 듣고, 모두들 큰 기쁨이 몸에 가득하여 더욱 공경하는 마음으로 몸을 굽히고 머리를 숙여 부처님을 향하여 합장하고 다 함께 소리 내어 말하였다.

 "세존께서 분부하시는 대로 모두 받들어 행하겠습니다. 그러하오니 세존이시여! 원하옵건대 염

時 諸菩薩摩訶薩 聞佛作是說已 皆大歡喜 遍滿其身 益加恭敬 曲躬低頭 合掌向佛 俱發聲言 如世尊勅 當具奉行唯然世尊 願不有慮

려하지 마십시오."

　보살마하살들이 이렇게 세 번을 다 함께 소리 내어 말하였다.

　"세존께서 분부하시는 대로 모두 받들어 행하겠습니다. 그러하오니, 세존이시여! 원하옵건대 염려하지 마십시오."

　그때 석가모니 부처님께서는 시방세계에서 오신 모든 분신 부처님들을 모두 본국으로 돌아가게 하시려고 이렇게 말씀하셨다.

諸菩薩摩訶薩衆 如是三反 俱發聲言 如世尊勅 當具奉行 唯然世尊 願不有慮 爾時 釋迦牟尼佛 令 十方來 諸分身佛 各還本土 而作是言

"부처님들께서는 편안하신 대로 하시고 다보여래의 탑도 본래 있던 곳으로 돌아가십시오."

이렇게 말씀을 하실 때 보배 나무 아래의 사자좌에 앉아 계시던 시방세계의 한량없는 분신 부처님들과 다보 부처님과 상행보살을 비롯한 가없는 아승지의 보살 대중과 사리불을 비롯한 성문의 사부대중과 모든 세계의 하늘과 사람과 아수라들이 부처님의 말

諸佛 各隨所安 多寶佛塔 還可如故 說是語時 十方無量 分身諸佛 坐 寶樹下 師子座上者 及 多寶佛 幷 上行等 無邊阿僧祇 菩薩大衆 舍利弗等 聲聞四衆 及 一切世間 天人阿修羅等

씀을 듣고 모두 크게 기뻐하였다.

제이십이 촉루품 끝

聞佛所說 皆大歡喜

第二十二 囑累品 終

제 이십삼 약왕보살본사품

그때 수왕화보살이 부처님께 말씀드렸다.

"세존이시여! 약왕보살은 어찌하여 이 사바세계를 다니십니까? 세존이시여! 이 약왕보살은 백천만억 나유타에 얼마만큼 어려운 수행과 힘든 고행을 하였습니까? 거룩하신 세존이시여! 원하옵건대, 간략하게 말씀해 주십시오.

第二十三 藥王菩薩本事品

爾時 宿王華菩薩 白佛言 世尊 藥王菩薩 云何遊於娑婆世界 世尊 是 藥王菩薩 有 若干百千萬億那由他 難行苦行 善哉 世尊 願少解說

천과 용신과 귀신과 야차와 건달바와 아수라와 가루라와 긴나라와 마후라가 등 사람인듯 아닌 듯한 이들과 다른 나라에서 온 보살들과 여기에 있는 성문들이 들으면 모두다 기뻐할 것입니다."

그러자 부처님께서 수왕화보살에게 말씀하셨다.

"과거 한량없는 항하의 모래수 같은 겁 전에 부처님께서 계셨으니 명호는 일월정명덕여래·응

諸天龍神夜叉 乾闥婆 阿修羅 迦樓羅 緊那羅 摩睺羅伽 人非人等 又 他國土 諸來菩薩 及此聲聞衆 聞皆歡喜 爾時 佛告宿王華菩薩 乃往過去無量 恒河沙劫 有佛 號 日月淨明德如來

공·정변지·명행족·선서·세간해·무상사·조어장부·천인사·불세존이었느니라. 그 부처님께서는 팔십억의 대 보살마하살과 칠십이항하의 모래 수 같은 대 성문들이 있었느니라.

　부처님의 수명은 사만이천 겁이었고 보살들의 수명도 역시 같았는데, 그 나라에는 여자와 지옥과 아귀와 축생과 아수라들과 온갖 어려운 일들이 없었느니라.

應供 正遍知 明行足 善逝 世間解 無上士 調御丈夫 天人師 佛世尊 其佛 有 八十億 大菩薩摩訶薩 七十二 恒河沙大聲聞衆 佛壽 四萬二千劫 菩薩壽命 亦等 彼國 無有女人 地獄 餓鬼 畜生 阿修羅等 及以諸難

땅은 손바닥같이 평평하였고 유리로 되어 있었느니라. 보배 나무로 장엄하고 보배 장막을 덮었으며 보배 꽃으로 된 깃발이 드리워지고, 보배병과 향로가 나라 안에 두루 가득하였느니라.

칠보로 된 누각을 나무 하나에 누각 하나씩으로 만들었는데, 나무에서 누각까지는 화살이 한 번 날아갈 정도의 거리였느니라. 이 보배 나무들 아래에는 보살과 성

地平如掌 瑠璃所成 寶樹莊嚴 寶帳覆上 垂寶華幡 寶瓶香爐 周遍國界 七寶爲臺 一樹一臺 其樹去臺 盡一箭道 此諸寶樹 皆有菩薩聲聞

문들이 모두 앉고 누각들 위에는 각각 백억의 천인들이 하늘음악을 울리고 부처님을 찬탄하는 노래를 부르며 공양하였느니라.

그때 그 부처님께서 일체중생희견보살을 비롯한 보살들과 성문의 무리들을 위하여 『법화경』을 설하셨는데, 이 일체중생희견보살이 고행을 즐겨 닦고 일월정명덕 부처님의 법 가운데서 정진하고 수행하며 일심으로 부처님 되

而坐其下 諸寶臺上 各有百億諸天 作天伎樂 歌歎於佛 以爲供養 爾時彼佛 爲一切衆生喜見菩薩 及衆菩薩 諸聲聞衆 說法華經 是 一切衆生喜見菩薩 樂習苦行 於日月淨明德佛法中 精進經行

기를 구하였기에 일만이천 년을 지나서 현일체색신삼매를 얻었느니라. 이 삼매를 얻고 크게 기뻐하며 '내가 현일체색신삼매를 얻은 것은 모두다 이 『법화경』을 들은 힘 때문이니, 이제 마땅히 일월정명덕 부처님과 법화경에 공양을 해야겠다.'고 말하였느니라.

그리고 바로 이 삼매에 들어가 허공에서 만다라꽃과 마하만다라꽃과 가늘고 검은 전단향을 허공

一心求佛 滿 萬二千歲已 得 現一切色身三昧 得此三昧已 心大歡喜 卽作念言 我得 現一切色身三昧 皆是得聞法華經力 我今 當 供養 日月淨明德佛 及 法華經 卽時入是三昧 於虛空中 雨曼陀羅華 摩訶曼陀羅華 細末堅黑栴檀

가득히 구름처럼 뿌렸느니라. 또 해차안의 전단향을 뿌렸는데, 이 향은 육수만으로도 그 가치가 사바세계만큼이나 되는데 이것으로 부처님을 공양하였느니라.

　이렇게 공양을 한 후 삼매에서 일어나 스스로 생각하기를 '내가 신통력으로 부처님께 공양하였지만 이 몸을 공양하는 것보다는 못하리라.' 하고, 곧 전단과 훈륙과 도루바와 필력가와 침수와 교향

滿 虛空中 如雲而下 又雨海此岸 栴檀之香 此香 六銖 價直娑婆世界 以供養佛 作是供養已 從三昧起 而自念言 我 雖以神力 供養於佛 不如以身供養 即服諸香 栴檀薰陸 兜樓婆 畢力迦 沈水膠香

등 가지가지 향을 먹고, 또 첨복등 가지가지 꽃에서 짠 향유를 일천이백 년 동안 마신 후 향유를 몸에 바르고, 일월정명덕 부처님 앞에서 하늘의 보배 옷으로 자신의 몸을 감싸고, 그 위에 온갖 향유를 붓고 나서 신통한 원력으로 직접 몸을 태우니, 광명이 팔십억 항하의 모래 수 같은 세계에 두루 비치므로 그곳에 계시던 부처님들이 한꺼번에 찬탄하며 말하였다.

又飮瞻蔔 諸華香油 滿千二百歲已 香油塗身 於 日月淨明德佛前 以天寶衣 而自纏身 灌諸香油 以神通力願 而自然身 光明 遍照 八十億 恒河沙世界 其中諸佛 同時讚言

'착하고도 착하도다. 선남자야! 이것이 참된 정진이며, 이것을 이름하여 여래에게 드리는 참된 법 공양이라 하느니라. 꽃과 향과 영락과 사르는 향과 가루 향과 바르는 향과 하늘의 비단 깃발과 일산과 해 차안의 전단향 등, 이와 같은 온갖 물건들로 공양하더라도 미치지 못하며, 나라와 도시와 처와 자식을 보시하더라도 역시 미치지 못하느니라. 선남자야, 이것

善哉善哉 善男子 是 眞精進 是名 眞法供養如來 若以華香瓔珞 燒香抹香塗香 天繒幡蓋 及 海此岸栴檀之香 如是等種種諸物供養 所不能及 假使國城妻子布施 亦所不及 善男子

을 제일 으뜸가는 보시라 할 것이며, 온갖 보시 가운데 가장 존귀하고 가장 으뜸이니 그 까닭은 법대로 여래께 공양하기 때문이니라.'

이런 말씀을 하시고는 모두들 묵묵히 계셨는데, 그의 몸은 일천이백 년 동안 탄 뒤에야 없어졌느니라.

일체중생희견보살이 이와 같이 올바르게 공양을 하고 목숨을 마친 뒤 다시 일월정명덕부처님의

是名第一之施 於諸施中 最尊最上 以法供養 諸如來故 作是語已 而各默然 其身 火燃千二百歲 過是已後 其身乃盡 一切衆生喜見菩薩 作如是法供養已 命終之後 復生日月淨明德佛國中

나라에서 태어났는데, 정덕왕의 집에 결가부좌로 홀연히 화생하자마자 그의 아버지를 위하여 게송으로 말하였느니라.

대왕이시여! 마땅히 아십시오. 저는 수행을 하여 온갖 색신을 나타내는 삼매를 얻었습니다. 부지런히 큰 정진을 하였으며 아끼는 몸까지 부처님께 공양하며 위없는 지혜를 구하였습니다.

於淨德王家 結跏趺坐 忽然化生 卽爲其父 而說偈言
大王今當知　　我經行彼處　　卽時得一切
現諸身三昧　　懃行大精進　　捨所愛之身
供養於世尊　　爲求無上慧

이 게송을 마치고 아버지에게 말하였느니라.

　'일월정명덕 부처님이 아직도 계십니다. 제가 예전에 부처님을 공양하고 일체중생의 말을 이해하는 다라니를 얻었습니다. 또 이 법화경의 팔백 천만억 나유타의 견가라와 빈바라와 아촉바 등의 게송도 들었습니다.

　대왕이시여! 저는 이제 돌아가서 이 부처님을 공양하여야겠습

說是偈已 而白父言 日月淨明德佛 今故現在 我先供養佛已 得 解一切衆生語言陀羅尼 復聞是 法華經 八百千萬億那由他 甄迦羅 頻婆羅 阿閦婆等偈 大王 我今當還供養此佛

니다.'

 이렇게 말하고 바로 칠보로 된 자리에 앉아서 칠다라수나 되는 허공으로 올라 부처님께서 계시는 곳으로 가서 머리를 조아려 발에 예배하고 열 손가락을 모아 합장하고 게송으로 부처님을 찬탄하였느니라.

 존안이 매우 뛰어나게 아름다우시며 광명으로 시방세계를 비

白已 卽坐七寶之臺 上昇虛空 高 七多羅樹 往到佛所
頭面禮足 合十指爪 以偈讚佛

容顔甚奇妙　　光明照十方
我適曾供養　　今復還親覲

추십니다. 제가 옛적에 공양을 하였는데 이제 다시 뵈옵습니다.

일체중생희견보살이 이 게송을 마치고 부처님께 '세존이시여! 세존께서는 아직도 세상에 계십니까?' 하니 일월정명덕 부처님께서 일체중생희견보살에게 '선남자야! 내가 열반할 때가 되어 사라져 없어질 때가 되었으니 편안한 자리를 준비하여라. 나는 오

爾時 一切眾生喜見菩薩 說是偈已 而白佛言 世尊 世尊
猶故在世 爾時 日月淨明德佛 告 一切眾生喜見菩薩 善
男子 我 涅槃時到 滅盡時至 汝可安施牀座

늘 밤에 열반에 들 것이니라.' 하시며 다시 일체중생희견보살에게 분부하셨느니라.

'선남자야! 나의 불법을 그대에게 부촉하노라. 모든 보살과 큰 제자들과 아뇩다라삼먁삼보리의 법과 삼천대천 칠보 세계의 보배나무와 보배 누각과 시중을 드는 천인들도 모두다 너에게 맡기노라. 내가 열반한 후 모든 사리도 너에게 부탁하니 마땅히 널리 펴

我於今夜 當 般涅槃 又勅一切衆生喜見菩薩 善男子 我以佛法 囑累於汝 及諸菩薩大弟子 幷 阿耨多羅三藐三菩提法 亦以三千大千七寶世界 諸寶樹寶臺 及給侍諸天 悉付於汝 我 滅度後 所有舍利 亦 付囑汝

고 공양하게 하며 수천 개의 탑을 세우도록 하여라.'

이와 같이 일체중생희견보살에게 분부하시고는 그날 밤 늦게 열반에 드셨느니라. 일체중생희견보살은 부처님께서 열반하시는 것을 보고 슬퍼서 한탄하고 괴로워하며, 부처님을 그리워하고 사모하여 곧 해차안의 전단을 쌓아 부처님의 몸을 모시고 다비를 하였고, 불이 다 꺼진 뒤에 사리를

當令流布 廣設供養 應起若干千塔 如是 日月淨明德佛 勅 一切衆生喜見菩薩已 於夜後分 入於涅槃 爾時 一切衆生喜見菩薩 見佛滅度 悲感懊惱 戀慕於佛 卽以海此岸栴檀爲積供養佛身 而以燒之 火滅已後

거두어서 팔만사천의 보배 병을 만들어 팔만사천의 탑을 세웠느니라. 높이가 삼세계요, 표찰을 장엄하고 깃발과 일산을 드리우고 가지가지 보배 방울을 달았느니라.

그리고 나서 일체중생희견보살이 다시 생각하기를 '내가 이 같은 공양을 하였지만 마음은 여전히 흡족하지 못하니, 내 이제 다시 부처님의 사리에 공양하리라.'

收取舍利 作八萬四千寶瓶 以起八萬四千塔 高 三世界 表刹莊嚴 垂諸幡蓋 懸 衆寶鈴 爾時 一切衆生喜見菩薩 復自念言 我雖作是供養 心猶未足 我今 當更 供養舍利

보살들과 큰 제자들과 천인과 용과 야차 등의 일체 대중에게 말하였느니라.

　'너희들은 마땅히 일심으로 생각하여라. 나는 지금 일월정명덕 부처님의 사리에 공양을 하려고 한다.'

　이렇게 말하고 곧 팔만사천의 탑 앞에서 백 가지의 복으로 장엄한 팔을 칠만이천 년 동안 태우며 공양하여 성문을 구하는 수없는

便語諸菩薩大弟子 及天龍夜叉等 一切大衆 汝等 當一心 念我今供養日月淨明德佛舍利 作是語已 卽於八萬四千塔前 燃百福莊嚴臂 七萬二千歲 而以供養 令 無數求聲聞衆

대중과 한량없는 아승지의 인간들로 하여금 아뇩다라삼먁삼보리의 마음을 일으키게 하였으며, 모두다 현일체색신삼매에 머무르게 하였느니라.

그때 모든 보살과 하늘과 인간과 아수라들이 그의 팔이 없어진 것을 보고 근심하고 슬퍼하며, '이 일체중생희견보살은 우리들의 스승이시고 우리들을 교화하시는 분인데, 이제 팔을 태우셨으

無量阿僧祇人 發阿耨多羅三藐三菩提心 皆使得住 現一切色身三昧 爾時 諸菩薩 天人阿修羅等 見其無臂 憂惱悲哀 而作是言 此一切衆生喜見菩薩 是我等師 敎化我者 而今燒臂

니 불구의 몸이 되셨구나.' 하니 일체중생희견보살이 대중 가운데서 서원을 세우며 말하였느니라.

'내가 두 팔을 버렸으니 반드시 부처님의 금빛 찬란한 몸을 얻을 것이다. 진실하여 헛되지 않는다면 나의 두 팔이 예전처럼 되돌아올 것이니라.'

이런 서원을 마치자마자 저절로 두 팔이 되살아났는데, 그 이유는 이 보살의 복덕과 지혜가 매우

身不具足 于時 一切眾生 喜見菩薩 於 大眾中 立此誓言 我捨兩臂 必當得佛 金色之身 若實不虛 令我兩臂 還復如故 作是誓已 自然還復 由斯菩薩 福德智慧

순박하고 두터웠기 때문이었느니라. 그때 삼천대천세계는 여섯 가지로 진동을 하고 하늘에서는 보배 꽃이 비 오듯이 내리고 하늘과 사람들은 일찍이 없었던 감동을 받았느니라."

부처님께서 수왕화보살에게 말씀하셨다.

"너의 생각은 어떠하냐? 일체중생희견보살이 어찌 다른 사람이겠느냐? 지금의 약왕보살이 그

淳厚所致 當爾之時 三千大千世界 六種震動 天雨寶華 一切人天 得未曾有 佛告宿王華菩薩 於汝意云何 一切衆生喜見菩薩 豈異人乎 今藥王菩薩 是也

사람이었느니라. 그가 이처럼 몸을 버리며 보시한 횟수는 한량없는 백천만억 나유타이니라.

　수왕화보살아! 만약에 아뇩다라삼먁삼보리를 얻으려는 마음을 낸 사람이 손가락이나 발가락 하나라도 태워서 부처님의 탑에 공양을 하면, 나라나 도시나 처와 자식이나 삼천대천세계의 산이나 숲이나 강이나 못이나 온갖 진귀한 보물들로 공양하는 것보다 수

其所捨身布施 如是無量百千萬億 那由他數 宿王華 若有發心 欲得阿耨多羅三藐三菩提者 能燃手指 乃至足一指 供養佛塔 勝以國城妻子 及 三千大千國土 山林河池 諸珍寶物 而供養者

승하니라.

　만약에 어떤 사람이 칠보로 삼천대천세계를 가득 채워서 부처님과 큰 보살과 벽지불과 아라한들에게 공양하더라도, 이 사람이 얻는 공덕은 법화경의 사구게 하나만이라도 받아 지니는 것만 못하니, 이 경을 받아 지니는 복이 가장 많느니라.

　수왕화보살아! 비유하면 온갖 시내와 개천과 강들의 물 가운데

若復有人 以 七寶 滿三千大千世界 供養於佛 及 大菩薩 辟支佛 阿羅漢 是人所得功德 不如受持此法華經 乃至一四句偈 其福最多 宿王華 譬如一切 川流江河

서 바다가 제일이듯이, 법화경도 이와 같아 여래들이 설하신 경 가운데서 가장 깊고 큰 것이니라. 또 토산, 흑산, 소철위산, 대철위산과 십보산 등의 여러 산 가운데서 수미산이 제일이듯이, 이 법화경도 역시 이와 같아 경전들 가운데서 가장 으뜸이니라.

또 여러 가지 별 가운데 월천자가 가장 으뜸이듯이 이 법화경도 역시 이와 같아서 천만억 가지 경

諸水之中 海爲第一 此法華經 亦復如是 於諸如來所說經中 最爲深大 又如 土山黑山 小鐵圍山 大鐵圍山 及十寶山 衆山之中 須彌山 爲第一 此法華經 亦復如是 於諸經中 最爲其上 又如衆星之中 月天子 最爲第一 此法華經 亦復如是

전의 가르침 중에서 가장 밝게 비추느니라. 또 일천자가 어두운 것을 모두 없앨 수 있듯이 이 경도 역시 이와 같아서 온갖 착하지 못한 어두움들을 깨뜨릴 수 있으며, 또 여러 소왕들 중에서 전륜성왕이 가장 으뜸이듯이, 이 경도 이와 같아서 여러 가지 경전 가운데서 가장 존귀하며, 제석천왕이 삼십삼천의 왕이듯이 이 경도 이와 같아서 모든 경전 가운데에서 왕이니라.

於 千萬億種諸經法中 最爲照明 又如日天子 能除諸闇 此經 亦復如是 能破一切 不善之闇 又如諸小王中 轉輪聖王 最爲第一 此經 亦復如是 於衆經中 最爲其尊 又如帝釋 於三十三天中王 此經 亦復如是 諸經中 王

또 대범천왕이 일체 중생의 아버지이듯이, 이 경도 이와 같아서 일체의 현명한 사람과 배울 것이 남아 있는 사람과 없는 사람과 보살의 마음을 낸 사람들의 아버지이니라. 또 모든 범부들 가운데서 수다원과와 사다함과와 아나함과와 아라한과와 벽지불이 제일이듯이, 이 경도 이와 같아서 모든 여래가 설하신 것과 모든 보살이 설한 것과 성문이 설한 모든 경전의 가

又如大梵天王 一切衆生之父 此經 亦復如是 一切賢聖 學無學 及 發菩薩心者之父 又如一切凡夫人中 須陀洹 斯陀含 阿那含 阿羅漢 辟支佛 爲 第一 此經 亦復如是 一切如來所說 若 菩薩所說 若 聲聞所說 諸經法中

르침 가운데서 가장 으뜸이니라.

　이 경전을 받아 지닌 자도 이와 같아서 일체 중생들 가운데서 역시 제일이며, 일체의 성문과 벽지불 가운데서 보살이 제일이듯이 이 경도 이와 같아서 일체 모든 경전의 가르침 중에서 가장 제일이니라. 부처님이 모든 법의 왕이듯이, 이 경도 이와 같아서 모든 경전 중에서 왕이니라.

　수왕화야! 이 경은 능히 일체 중

最爲第一 有能受持是 經典者 亦復如是 於一切衆生中 亦爲第一 一切聲聞辟支佛中 菩薩 爲第一 此經 亦復如是 於一切諸經法中 最爲第一 如佛 爲諸法王 此經 亦復如是 諸經中 王 宿王華 此經

생들을 구원하는 것이니라. 이 경은 일체 중생으로 하여금 온갖 고통과 괴로움을 떠나게 하며, 이 경은 일체 중생을 크게 이롭게 하며, 그들의 소원을 만족시켜 주느니라. 시원하고 맑은 못이 목마른 사람들을 만족시키는 것과 같이, 추운 사람이 불을 얻은 것과 같이, 헐벗은 사람이 옷을 얻은 것과 같이, 상인이 물건의 주인을 만난 것과 같이, 자식이 어머니를 만난 것

能救一切衆生者 此經 能令一切衆生 離諸苦惱 此經 能大饒益一切衆生 充滿其願 如淸凉池 能滿一切 諸渴乏者 如寒者得火 如裸者得衣 如商人得主 如子得母

과 같이, 건너갈 배를 구한 것과 같이, 병든 사람이 의사를 만난 것과 같이, 어두운 곳에서 등불을 만난 것과 같이, 가난한 사람이 보배를 얻은 것과 같이, 백성이 임금을 만난 것과 같이, 장사하는 사람이 바다를 만난 것과 같이, 횃불이 어둠을 없애는 것과 같이, 이 법화경도 이와 같아서 중생으로 하여금 온갖 괴로움과 온갖 병의 아픔을 여의게 하고 생과 사의 온갖 결박

如渡得船 如病得醫 如暗得燈 如貧得寶 如民得王 如賈客得海 如炬除暗 此 法華經 亦復如是 能令衆生 離一切苦 一切病痛 能解一切生死之縛

을 풀게 하느니라.

　만약 어떤 사람이 이 법화경을 듣고 스스로 쓰거나 남을 시켜서 쓰게 하면 그 얻는 공덕은 부처님의 지혜로 많고 적음을 헤아려도 그 끝을 알 수 없느니라. 이 경전을 쓰고 꽃과 향과 영락과 사르는 향과 가루 향과 바르는 향과 깃발과 일산과 의복과 가지가지 등인 소등과 유등과 온갖 향유등과 첨복의 기름등, 수만나 꽃의 기름

若人 得聞此法華經 若自書 若使人書 所得功德 以佛智慧 籌量多少 不得其邊 若書是經卷 華香瓔珞 燒香 抹香 塗香 幡蓋衣服 種種之燈 酥燈油燈 諸香油燈 瞻蔔油燈 須曼那油燈

등, 바라라 꽃의 기름등, 바리사가라 기름등, 니바마리 꽃의 기름등으로 공양을 하면 얻는 공덕이 역시 한량없느니라.

　수왕화야! 만약에 어떤 사람이 이 약왕보살본사품을 들으면 한량없고 가없는 공덕을 얻으며, 만약 어떤 여인이 이 약왕보살본사품을 듣고 받아 가지면 이번의 여자 몸이 다한 후에 다시는 여자의 몸을 받지 않느니라.

波羅羅油燈 婆利師迦油燈 那婆摩利油燈 供養 所得功德 亦復無量 宿王華 若有人 聞是藥王菩薩本事品者 亦得無量無邊功德 若有女人 聞是藥王菩薩本事品 能受持者 盡是女身 後不復受

여래가 열반하신 뒤 후오백세에 만약 어떤 여인이 이 경전을 듣고 설한 대로 수행하면 목숨을 마친 뒤에 곧 안락 세계의 아미타 부처님이 대보살의 무리들에게 둘러싸여 계시는 곳으로 가서 연꽃 가운데의 보배 자리 위에 태어나게 되느니라. 다시는 탐욕으로 인한 번뇌가 없고 성냄과 어리석음으로 인한 번뇌가 없으며, 교만과 질투 등으로 일어나는 번뇌가 없

若 如來滅後後五百歲中 若有女人 聞是經典 如說修行 於此命終 卽往安樂世界 阿彌陀佛 大菩薩衆 圍繞住處 生 蓮華中 寶座之上 不復爲 貪欲所惱 亦復不爲 瞋恚愚癡 所惱 亦復不爲憍慢嫉妬諸垢 所惱

느니라.

　보살의 신통과 무생법인을 얻고 이 법인을 얻어 눈이 청정하게 되며 이 청정한 눈으로 칠백만 이천억 나유타 항하사 같은 부처님 여래들을 뵙게 되느니라."

　이때 부처님들께서 멀리서 다 함께 칭찬하셨다.

　"착하고도 착하도다. 선남자야! 너희들이 석가모니 부처님의 법 가운데서 이 경을 받아 지니고

得 菩薩神通 無生法忍 得是忍已 眼根 清淨 以是清淨眼根 見 七百萬二千億 那由他 恒河沙等 諸佛如來 是時諸佛 遙共讚言 善哉善哉 善男子 汝能於釋迦牟尼佛法中 受持讀誦

읽고 외우고 생각하여 다른 사람을 위하여 설하면, 그 얻는 공덕이 한량없고 가없어서 불로도 태울 수 없으며 물로도 빠뜨릴 수 없느니라.

　너희들의 공덕은 일천의 부처님들께서 다 함께 설하여도 다할 수 없느니라. 너희들은 이제 모든 마구니를 멸망시키고 생사의 군대를 무너뜨렸으며, 여러 가지 원수와 적들도 모두다 꺾고 없애 버

思惟是經 爲他人說 所得福德 無量無邊 火不能燒 水不能漂 汝之功德 千佛共說 不能令盡 汝今 已能 破諸魔賊 壞生死軍 諸餘怨敵 皆悉摧滅

렸느니라.

 선남자야! 백천의 부처님들께서 신통력으로 너희들을 다 같이 지켜주고 보호해 주실 터이니 일체 세간의 하늘과 인간 가운데서 너희 같은 이들이 없으리라. 오직 여래만을 제외하고 모든 성문과 벽지불과 보살의 지혜와 선정도 너희들의 지혜와 선정에는 비교될 수 없느니라."

 "수왕화야! 이 보살은 이런 공

善男子 百千諸佛 以神通力 共守護汝 於 一切世間 天人之中 無如汝者 唯除如來 其諸聲聞 辟支佛 乃至菩薩 智慧禪定 無有與汝等者 宿王華 此菩薩

덕과 지혜의 힘을 성취하였느니라. 만일 어떤 사람이 이 약왕보살본사품을 듣고서 따라 기뻐하고 거룩하다고 찬탄하면, 이 사람은 이 세상에 있으면서 입에서 푸른 연꽃의 향기가 항상 나고, 몸의 털구멍에서는 항상 우두전단의 향기가 나며, 그 얻는 바 공덕은 위에서 말한 것과 같으니라.

그러므로 수왕화야, 이 약왕보살본사품을 너에게 부탁하여 말

成就如是功德 智慧之力 若有人 聞是藥王菩薩本事品 能隨喜讚善者 是人 現世口中 常出靑蓮華香 身毛孔中 常出牛頭栴檀之香 所得功德 如上所說 是故 宿王華以此藥王菩薩本事品 囑累於汝

기니, 내가 열반한 후 후오백 세에 널리 퍼서 염부제에서 끊어지지 않게 하며, 나쁜 마구니와 마구니의 백성과 하늘과 용과 야차와 구반다들이 저희들 마음대로 무엇이나 쉽게 저지르지 못하도록 하여라.

수왕화야! 너는 마땅히 신통의 힘으로 이 경을 수호하여라. 왜냐하면 이 경은 염부제 사람들의 병에 좋은 약이 되기 때문이니라. 만

我滅度後 後五百歲中 廣宣流布 於閻浮提 無令斷絶 惡魔魔民 諸 天龍夜叉 鳩槃茶等 得其便也 宿王華 汝當以 神通之力 守護是經 所以者何 此經 則爲閻浮提人 病之良藥

일 병이 있는 사람이 이 경을 들으면 즉시 나을 것이고 늙지 않고 죽지도 않을 것이니라.

수왕화야! 그대가 만약 이 경을 받아 지니고 있는 사람을 보면, 마땅히 푸른 연꽃에 가루 향을 가득히 담아 그 사람 위에 흩어 공양을 하고는 이렇게 생각하고 말하여라.

'이 사람은 머지 않아 반드시 풀을 깔고 도량에 앉아서 마구니들을 파할 것이며, 법 소리를 불며 큰

若人有病 得聞是經 病卽消滅 不老不死 宿王華 汝若見有受持是經者 應以靑蓮花 盛滿抹香 供散其上 散已 作是念言此人 不久 必當取草 坐於道場 破諸魔軍 當吹法螺

법 북을 두드려서 온갖 중생을 늙고 병들고 죽는 괴로움의 바다에서 건져내고 벗어나게 할것이다.'

그러므로 불도를 구하는 사람은 이 경전을 받아 지니는 사람을 보면 마땅히 이와 같이 공경하는 마음을 내어야 하느니라."

이 약왕보살본사품을 설하실 때 팔만사천의 보살들은 모든 중생의 말을 이해하는 다라니를 얻었으며 보배탑 속에 계시는 다보

擊大法鼓 度脫一切衆生老病死海 是故 求佛道者 見有受持是經典人 應當如是生 恭敬心 說是藥王菩薩本事品時 八萬四千菩薩 得解一切衆生語言陀羅尼 多寶如來於寶塔中

여래께서도 수왕화보살을 찬탄하셨다.

"착하고도 착하도다. 수왕화야! 그대가 불가사의한 공덕을 성취하고 지금 석가모니 부처님께 이와 같은 일을 여쭈어서 한량없는 온갖 중생들을 이롭게 하는구나."

제 이십삼 약왕보살본사품 끝
묘법연화경 권 제육 끝

讚 宿王華菩薩言 善哉善哉 宿王華 汝 成就不可思議功德 乃能問 釋迦牟尼佛 如此之事 利益無量 一切衆生

第二十三 藥王菩薩本事品 終
妙法蓮華經 卷第六 終

늘 기도 정진하는 사람에게는 에너지의 대전환이 일어납니다. 즉, 화나고 짜증스러웠던 마음이 선의 기운, 밝은 기운으로 바뀌게 되지요.

마음이 어두우면, 모든 것에 짜증이 나고 자신감도 없어집니다. 그러나 마음이 밝은 사람은 매사에 긍정적이지요. 항상 감사하는 마음, 남에게 끊임없이 주고 싶은 마음이 일어나며 모든 것에 적극적이고 자신감이 넘칩니다.

그래서 늘 기도 정진하는 사람은 밝은 마음, 한량없는 기쁜 마음으로 살아갈 수 있는 것입니다.

無一 우학 스님의
〈법문 속의 명구〉 중에서

사경회향문

사경제자   합장

사경마침   년   월   일

편저자
無一 우학 큰스님

불기 2544년(서기 2000년), 경주 연대산(蓮台山) 산문(山門)을 열고, 선관쌍수(禪觀雙修)로써 선법(禪法)을 펴고 있습니다.

불보사찰 통도사 출가
성파 대종사를 은사로 득도(得度)
대학, 선방, 강원, 토굴 등 제방에서 면학, 수행
성우 대종사로부터 비니정맥 전수
출가 상좌(스님) 60여명, 마을(유발)상좌 3천여 명.
무문관 12년 째 정진 중

포교대상 종정상 대상(대한불교조계종)
대원상 대상(재단법인 불교진흥원)
대한민국찬불가요 대상

한국불교대학 大관음사 창건
국내외 십여 군데 도량 설립(미국, 중국 등)
무일선원 무문관 창건(스님 및 신도 수행처)

사회복지 법인 無一복지재단 설립
   요양원, 노인센터, 지역아동센터, 공동생활가정, 기억학교, 치매주간보호센터
참좋은어린이집, 참좋은유치원 설립
도서출판 좋은인연 설립
학교법인 無一학원 설립(참좋은이서중·고등학교)
사단법인 NGO B.U.D 설립
의료법인 無一의료재단 설립(참좋은 요양병원)
K-붓다 빌리지 (B.U.D 山海세계명상센터) 설립

300여 권의 저술
저거는 맨날 고기 묵고, 새로운 불교공부, 완벽한 참선법, 참좋은 생각(컬처북스), 하루 한 가지 마음공부법(조화로운삶), 부처되는 공부(뜰), 무문관강론, 지혜로운 삶(신심명강설), 아~부처님, 백팔대참회문 법문(전3권), 無門(전2권), 無一우학 禪敎法藏, 無一우학 法門, 생활 속의 법화경(전2권), 무일설법대전, 33관세음보살님 가피, 비유디법요집 등

우리말 법화경 사경

도서출판 좋은인연

묘법연화경 권 제육

재판1쇄	2024.06.10
편저자	無一 우학 큰스님
펴낸곳	도서출판 좋은인연(한국불교대학 부속출판사) 등록 / 제4-88호 주소 / 대구 남구 중앙대로 126 전화 / 053-475-3707
가격	978-89-93040-60-9 (01) 7,000원 978-89-93040-54-8 (set)
	대한불교조계종 한국불교대학 大관음사 홈페이지 / **한국불교대학** 다음카페 / **불교인드라망** 유튜브 / **유튜브불교대학** 　　　　　**비유디 불교TV** 　　　　　**영어채널 K-Buddha village** 　　　　　(부처님마을) 　　　　　**중국어채널 K-佛陀**(부처님마음)

법보시 받습니다. 보시하신 책은 군법당, 교도소 등에 무료 배포됩니다.(053-475-3707)